KNUT DIERS

# Ostfriesland – *Tiefsee, Torf und Tee*

LIEBLINGSPLÄTZE
*zum Entdecken*

KNUT DIERS

# Ostfriesland – *Tiefsee, Torf und Tee*

FÜR WATTWANDERER UND SCHIFFEGUCKER

KULTUR

GMEINER

Sofern nicht hier gelistet, stammen alle Bilder vom Autor. 20: Swantje Pieters; 52: Jürgen Peter; 150, 152, 158, 160: Ostfriesland Tourismus GmbH; 92: Ostfriesisches Landesmuseum Emden; 94: Kunsthalle Emden; 106: Windloop; 124: Luftkurort Wiesmoor Touristik GmbH; 182: Miriam Kösters (privat)

Literaturnachweis:
183: Antoine de Saint-Exupéry / Gretchen Grosser (Übers.), Die litje Prins, Neckarsteinach: Edition Tintenfass 2010.
183: Antoine de Saint-Exupéry / Grete und Josef Leitgeb (Übers.), Der kleine Prinz, Düsseldorf: Karl Rauch Verlag 1950.

Besuchen Sie uns im Internet:
www.gmeiner-verlag.de


Im Ehnried 5, 88605 Meßkirch
Telefon 07575/2095-0
info@gmeiner-verlag.de

2., überarbeitete Neuauflage 2016

*Lektorat / Korrektorat:* Claudia Reinert; Dominika Sobecki
*Satz:* Julia Franze
*Umschlaggestaltung:* U.O.R.G., Lutz Eberle, Stuttgart
unter Verwendung eines Fotos von fotopro / fotolia.com
*Kartendesign:* Mirjam Hecht/Matthias Schatz
*Druck:* AZ Druck und Datentechnik GmbH, Kempten
Printed in Germany
ISBN 978-3-8392-1901-0

Leben unter dem hohen Himmel von Ostfriesland /// *Vorwort* .......... 8
Karte .......... 10

## Die Inseln

1 Deutschlands nordwestlichster Zipfel /// *Borkum – Grenzpfahl* .......... 15
2 Wir sehen uns am Musikpavillon /// *Borkum – Musikpavillon* .......... 17
3 Alles, Watt gut ist /// *Borkum – Natur* .......... 19
1/11 Die Menschen sind dann einfach ganz beseelt /// *Singender Wattführer Albertus Akkermann* .......... 21
4 Bei Regen öffnet sich der Schirm von selbst /// *Juist – Schirmbar* .......... 23
5 Das wahre Zentrum der Generationen /// *Juist – Schiffchenteich* .......... 25
6 Winken und Zurückwinken, das erzeugt Wohlgefühl /// *An der Hafenausfahrt* .......... 27
7 Umsteigen vom Flugzeug in die Kutsche /// *Juist – Flughafen* .......... 29
8 Steht alles auf der Milchmädchenrechnung /// *Norderney – Milchbar* .......... 31
9 Heinrich Heine wartet noch /// *Norderney – Kurtheater* .......... 33
Die Gesundheit kommt direkt aus dem Meer /// *Thalasso* .......... 36
10 Die Sterne sind zum Greifen nah /// *Norderney – Weltall* .......... 39
11 Schöner die Glocken nie klingen /// *Baltrum – Kirchen* .......... 41
12 Das Glück der Pferde /// *Baltrum – Pferde* .......... 43
2/11 Ich suche den Inselwitz /// *Cartoonist Denis Metz* .......... 45
13 Unter der Laterne ... /// *Langeoog – Lale Andersen* .......... 47
14 Die Fahrrad-Insel /// *Langeoog – Radwege* .......... 49
15 Langeooger Rind kennt fast jedes Kind /// *Langeoog – Hochlandrinder* .......... 51
3/11 Ich kam nicht wegen einer Frau, ich blieb wegen einer /// *Bürgermeister Uwe Garrels* .......... 53
16 Bahn auf Trab /// *Spiekeroog – Pferdebahn* .......... 55
17 Ein Idyll unterm Blätterdach /// *Spiekeroog – altes Dorf* .......... 57
18 Der Giacometti von Spiekeroog /// *Spiekeroog – am Utkieker* .......... 59
19 Ein Turm erzählt vom Inselleben /// *Wangerooge – Westturm* .......... 61
20 Eine runde Sache zum Schiffegucken /// *Wangerooge – Pudding* .......... 63
21 Segel setzen und hinaus in die unendlichen Weiten /// *Wangerooge – Seglerhafen* .......... 65
4/11 Der Kellner bekommt das Lob, nicht der Koch /// *Strandkorbchirurg Wilfried Kummer* .......... 67

## Die Städte

22 Ein Ort am See zum Wohlfühlen /// *Bad Zwischenahn* .......... 71
23 Wieder unter Dampf /// *Leer – Dampfschiff ›Prinz Heinrich‹* .......... 73
24 Mehr Münzen – mehr Milch /// *Leer – Milchtankstelle* .......... 75
25 So klein ist die (ostfriesische) Welt /// *Leer – Miniaturland* .......... 77

Mit dem ›Elführtje‹ beginnt die Gemütlichkeit /// *Tee* .................. 80
26 Samson ist von unbezwingbarer Stärke /// *Leer – Haus Samson* ....... 83
27 Themenrouten – vier Klassiker ziehen sich durchs Land ///
*Auf dem Radweg* ........................................ 85
28 Der Dreiklang erfreut das Herz /// *Leer – Schloss Evenburg* .......... 87
5/11 Fahr mit Gott, aber fahr! ///
*Püntenkapitäne Arnold Höger und Oliver Grensemann* ................ 89
29 Emden könnte auch Rüsselsheim heißen – dank Otto ///
*Emden – Otto und der Hafen* ........................................ 91
30 Moorleiche in der Röhre – war es Mord? ///
*Emden – Ostfriesisches Landesmuseum* ............................ 93
31 Kinder früh mit Kunst berühren /// *Emden – Kunsthalle* .............. 95
32 3.110 Pfeifen ertönen in einer Symphonie aus Backstein ///
*Norden – Ludgerikirche* ........................................ 97
33 Rein und raus – Beobachtungen am Scharnier zu zwei Inseln ///
*Norden – Norddeich-Mole* ........................................ 99
34 Im Park der sprechenden Bänke /// *Lütetsburg* ........................ 101
6/11 Eine unnachahmliche Lebensqualität ///
*Schlossbesitzer Tido Graf zu Inn- und Knyphausen* .................. 103
35 Hier steht die ganze ›Herrlichkeit‹ /// *Dornum* ........................ 105
7/11 Windsurfen geht immer /// *Kitesurf-Lehrer Fabian Bertschat* ......... 107
36 Eintauchen in ein romantisches Hafengemälde /// *Neuharlingersiel* .. 109
37 Vom Raddampfer aus bietet sich der beste Überblick ///
*Carolinensiel-Harlesiel* ........................................ 111
38 Krabben oder Matjes? Im Brötchen hat alles Platz ///
*Im Fischladen* ........................................ 113
39 Das weiche Wasser entfaltet den Geschmack ///
*Jever – wo das Bier herkommt* ........................................ 115
40 Europa ist hier im Schloss zu Hause /// *Jever – Schloss* ................ 117
Kunstfertig – quer durchs Land der Kreativen fahren ///
*Kunsthandwerk* ........................................ 118
41 Zeigt her eure Hände! /// *Wittmund* ........................................ 121
42 Ostfriesland spielend erleben /// *Wiesmoor – Erlebnisgolf* ............ 123
43 Eintauchen in ein Meer aus Blüten /// *Wiesmoor* ........................ 125
44 Sechs Häuptlinge formten Ostfriesland /// *Aurich – das Herz* ......... 127
45 Wo die friesische Freiheit wohnt /// *Aurich – MachMitMuseum* ...... 129


## Das Land


46 Der malerische Ort wäre ohne Kutter unvollkommen ///
*Krummhörn – Greetsiel* ........................................ 133
47 Selbst Herzmuscheln tragen ihr kleines Geheimnis ///
*Beim Wattwandern* ........................................ 135

48 Rot-gelb geringelt erst seit 1973 /// *Krummhörn – Pilsum* ............ 137
Organisten aus aller Welt treffen sich in Ostfriesland /// *Orgeln* ...... 138
49 Ein Dorf wie im Bilderbuch /// *Krummhörn – Rysum* ................ 141
50 Hier fühlten sich bereits die Römer wohl /// *Rheiderland – Jemgum* .. 143
51 Die Fischersfrau bringt Aal und Butt /// *Rheiderland – Ditzum* ...... 145
52 Ein liebenswertes Stück Volkskultur liegt an der Emsmündung /// *Moormerland* ........ 147
53 Mehlspeisen auf Wellen /// *Großefehn – Pfannkuchenschiff* .......... 149
54 Hier klappen nicht nur die Brücken, hier klappt der Urlaub /// *Großefehn* ........ 151
8/11 Am besten erst mal eine Herrenkugel kaufen /// *Boßelkugelbauer Heinrich-Jürgen Eden* ........ 153
55 Das Kloster aus Stahlbeinen /// *Ihlow* ........ 155
56 Die Sonnenscheibe stammt von 1300 vor Christus /// *Südbrookmerland – Moordorf* ........ 157
57 Mehr Meer geht kaum in Ostfriesland /// *Südbrookmerland – Großes Meer* ........ 159
58 Die Antwort liefert der Wind – schon lange /// *Harlingerland* ........ 161
59 Die Frau aus dem Meer rächte sich mit einer Sturmflut /// *Wangerland – Minsen* ........ 163
60 Schwarz-weiß-grün – die Marsch beruhigt das Gemüt /// *In der Marsch* ........ 165
61 Ob am Strand oder im Wind über dem Meer: Traut euch! /// *Wangerland – Schillig* ........ 167
62 Das Dorf macht das Rennen in der Familiengunst /// *Wangerland – Hooksiel* ........ 169
9/11 Nach 15 Minuten beginnt die Freiheit /// *›Paddel und Pedal‹-Chefs Siegfried Kaiser und Arno Ewen* ........ 171
63 Dangast liebt seine Künstler /// *Jadebusen* ........ 173
64 Paddeln auf dem Ems-Jade-Kanal ist eine Lust /// *Friedeburg* ........ 175
65 Radeln durch eine Parklandschaft – dazu Räucheraal und Bier /// *Ammerland* ........ 177
10/11 Es sind alles meine Lieblinge /// *Baumdoktor Jürgen Braukmann* .... 179
66 Ein Afroamerikaner lernte Saterfriesisch /// *Saterland* ........ 181
11/11 Zweisprachigkeit ist eine Auszeichnung! /// *Saterfriesin Miriam Kösters* ........ 183

Bild- und Literaturnachweis ........ 186

# LEBEN UNTER DEM HOHEN HIMMEL VON OSTFRIESLAND

*Vorwort*

Wie nennt man das, wenn ein Ostfriese eine Kopfschmerztablette schluckt? – Hohlraumversiegelung! Diese Witze haben das Völkchen im Nordwestzipfel Deutschlands seit den 70er-Jahren bekannt gemacht. Doch sie liegen alle falsch. Es sind boshafte Porträts eines liebenswerten, feinsinnigen Menschenschlags. Die Dummheit siegt im Witz, dem das befreiende, herzhafte Lachen am Schluss fehlt. In diesem Buch sind Orte und Wege skizziert, die Ostfriesland und Ostfriesen mit gebotenem Respekt beleuchten. Und zum Lachen gibt es da trotzdem genug!

Manche sagen, Ostfriesland hat gar keine Landschaft, allenfalls eine Himmelschaft. Wenn der Bahnreisende in Jever, Leer oder Norden aus dem Zug steigt und ein paar Kilometer ins Land fährt, sieht er 80 Prozent blau und weiß, 20 Prozent grün mit schwarz-weißen Flecken. Übersetzt bedeutet das: Viel Himmel mit Wattewolken und unten dran hängen ein paar Weiden mit grasenden Kühen. Dazu weht oft ein Wind von Nordwest. Der hält sowohl die weißen Flecken am Himmel in Bewegung als auch die ebenfalls weißen Flügel der vielen Windräder.

Das Leben unter diesem hohen Himmel wird hier in allen möglichen Facetten beleuchtet. Da sind die sieben Inseln, von der jede ihre Eigenarten hat, ihre liebenswerten Originale. Die übrigens kommen in elf Interviews zu Wort und geben so Teile ihrer Persönlichkeit zum Besten. Diese Ur-, Voll-, Halb- und Wahlfriesen erzählen von ihrem Tun, ihren Sorgen und Freuden.

Dann erscheinen die Städte Ostfrieslands im Rampenlicht. Endlich einmal werden sie aus dem Grau der Urlaubslandkarte des Touristen gezerrt. Ob Aurich, Norden, Wittmund, Esens, Wiesmoor, Leer oder Emden – viele werden schlicht unterschätzt. Es offenbaren sich Kleinode, die einen Besuch wert sind. Wer weiß schon, dass sechs Bundespräsidenten in Wittmund ihre Hände in Ton gedrückt haben? Die gebrannten Klinker zieren die Fußgängerzone, und jeder kann den hohen Herren da aus der Hand lesen. Noch viele andere Prominente haben sich auf diese Weise dort verewigt.

Das historische Ostfriesland beschränkt sich auf die Kreise Aurich, Leer, Wittmund sowie die Stadt Emden. Doch in diesem Buch wird die gesamte ostfriesische Halbinsel durchkämmt. Sie reicht vom Dollart, einer Bucht bei Emden im Westen, bis zum Jadebusen bei Wilhelmshaven im Osten. Das Ammerland mit Bad Zwischenahn und den blühenden Rhododendrensträuchern gehört noch dazu. Ebenso wird das Saterland vorgestellt, eine von Europas kleinsten Sprachinseln. Nur 1.500 Menschen sprechen noch Saterfriesisch. Der bekannteste ist ein Afroamerikaner, der in Leer wohnt.

Die Wege zu den Lieblingsorten sind oft kurz. Es müssen einem nur die Augen dafür geöffnet werden. So ist die Krummhörn, die ›krumme Ecke‹, mit ihren 19 Dörfern schon mehr als einen Tagesausflug wert. Der idyllische Fischerort Greetsiel liegt da. Das Runddorf Rysum versprüht seinen Charme. Der rot-gelb geringelte Leuchtturm, den der Emder Komiker Otto Waalkes in seinen Filmen weltbekannt machte, schaut bei Pilsum über den Deich. Im Rheiderland westlich von Leer legten schon die Römer an. Heute passieren einmal im Jahr gigantische Kreuzfahrtschiffe auf der Ems, die weiter südlich in Papenburg gebaut werden, die Stelle. Aber es geht auch um die Besiedlung der Moore, die Fehnkultur. Weiße Klappbrücken, die die unzähligen Kanäle überspannen, prägen das Bild. Auf dem Ems-Jade-Kanal lässt sich trefflich quer durch Ostfriesland paddeln. Im Südbrookmerland und dem Moormerland sind urtypische Ostfriesen anzutreffen.

Östlich von Ostfriesland liegt Friesland, ein Kuriosum. Jever – mit ›f‹ gesprochen – ist die Hauptstadt. Das hat historische Gründe. Eine ›goldene Linie‹ wurde auf der Karte gezogen und grenzt noch heute Friesland ab. Sie verläuft längs durch den Hafen von Carolinensiel.

Wer sich auf die Eigenarten einlässt, findet auch Geschmack an den besonderen Orten – beim Wattwandern im Schlick, auf den 3.500 Radwegkilometern, im Fischladen beim Krabbenkauf oder in der Marsch bei den gemütlichen Kühen. Welche Rolle das Winken von Urlaubern bei der Ausfahrt aus dem Hafen spielt, ist auch eine Betrachtung wert.

Zwei Dinge aber sollte der Besucher erleben: ein Orgelkonzert – denn hier herrscht die größte Orgeldichte weltweit – und täglich einige Tassen Ostfriesentee. Das gehört dazu. Moin!

1
2
3
4
5
6
7
8
9
10
11
33
32
34
46
48
57
56
49
29
30
31
Emden
52
51
50
Delfzijll
Groningen
Hoog
Oldambtmeer
Veendam
N
W
O
S

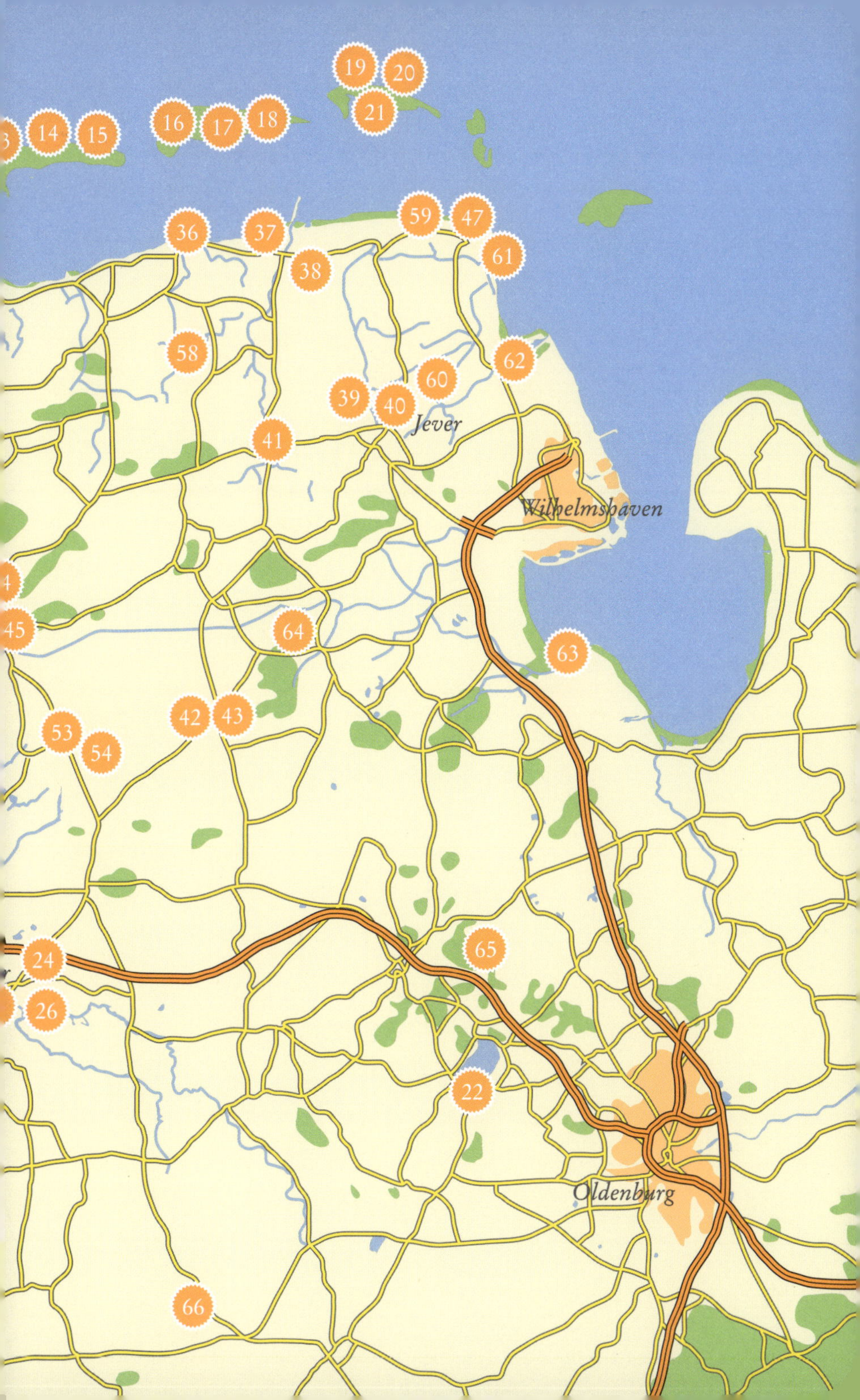

14
15
16
17
18
19
20
21
36
37
59
47
61
38
58
62
60
39
40
Jever
41
Wilhelmshaven
45
64
63
42
43
53
54
24
65
26
22
Oldenburg
66

DIE INSELN

STRANDCAFÉ STURMECK /// HINDENBURGSTRASSE 144 ///
26757 BORKUM /// 0 49 22 / 12 22 /// WWW.STURMECK.DE ///

# DEUTSCHLANDS NORDWESTLICHSTER ZIPFEL

*Borkum – Grenzpfahl*

1

Weiter nordwestlich geht es nicht in Deutschland. Wer hier in Borkum am grün-weißen Grenzpfahl steht und aufs Meer hinausschaut, sieht den 800 Meter breiten Strand der Drachenflieger. Weiter Richtung Nordwest ist erst nach rund 850 Kilometern Land in Sicht – die Shetland-Inseln. Jetzt liegt einem der Rest Deutschlands im Rücken.

Der Grenzpfahl markiert keine wirkliche Grenze, doch wer hier an der Strandpromenade steht, kann seine Position neu bestimmen. Eine Windrose mit den Entfernungen hilft dabei. Wer hätte gedacht, dass der Gast hier London etwa so nah ist wie Berlin? Lörrach an der Schweizer Grenze vor Basel ist 872 Kilometer entfernt. Die niederländische Stadt Groningen dagegen liegt mit 42 Kilometern fast vor der Haustür.

Wer sich gedanklich auf der Zeitachse bewegt, findet Hilfe im Schild am Grenzpfahl. Borkum wurde 1227 erstmals urkundlich als Borkna, 1398 als Borkyn erwähnt. Doch schon die Römer ruderten von der Nordsee aus in die Emsmündung und legten vorher hier an. Plinius der Ältere, Reiteroffizier und Schriftsteller der römischen Besatzungsarmee in Germanien, nannte an erster Stelle der Inseln Burcana – und meinte damit sehr wahrscheinlich das heutige Borkum. Doch Gaius Plinius Secundus, wie er damals genannt wurde, packte das Grauen, als er die Menschen dieser Gegend sah. Wenn die Flut die Anhöhen umspült, gleichen sie Seefahrern, bei Ebbe Schiffbrüchigen, notiert er. Wenig schmeichelhaft beschrieb er weiter: ›Sie jagen dann die ins Meer flüchtenden Fische und kochen sie auf dem Schlamm, den sie vorher im Wind trockneten.‹

Was das angeht, liegt nur ein paar Meter nordöstlich des Grenzpfahls das Strandcafé Sturmeck mit Freiterrasse, Eis und Kuchen. Und im Ort sowie am Yachthafen sind ausgezeichnete Fischrestaurants zu finden. Weitere kulinarische Anregungen liefert der kostenlose Lokalführer ›Natt & Drög‹.

Ein Pottwalskelett ist die Attraktion im Heimatmuseum Dykhus. An die Walfanggeschichte Borkums erinnert auch ein Walknochenzaun in der Wilhelm-Bakker-Straße.

Bürgermeister-Kieviet-Promenade
TOURIST-INFORMATION BORKUM /// AM GEORG-SCHÜTTE-PLATZ 5 ///
26757 BORKUM /// 0 49 22 / 93 30 /// WWW.BORKUM.DE ///

# WIR SEHEN UNS AM MUSIKPAVILLON

*Borkum – Musikpavillon*

2

Es ist der Charme der Seebäderarchitektur vom Beginn des 20. Jahrhunderts, der hier sprüht. Im Licht der im Meer versinkenden Sonne brandet bisweilen Applaus auf, so wunderschön anheimelnd sind die Stunden am Musikpavillon am Nordbad. Was Pianisten, Stehgeiger und Sänger an Klängen hervorzaubern, untermalt diese Stimmung zauberhaft – nicht nur am Abend.

Wer hier unten an der früheren Wandelhalle in den Cafés und Restaurants sitzt, blendet die Bausünden Borkums automatisch aus. Der Blick fällt auf den kleinen, runden Säulenpavillon. Das gelb-weiße Haus mit dem Kuppeldach, auf dem eine Meerjungfrau im Wind schwebt, ist ein hübsches Wahrzeichen der Insel. Als der Pavillon 1911 erbaut wurde, stand er noch direkt an der Brandung. Zum Meer hin schützten Mauern die Musiker, zur Wandelhalle hin waren zwischen den hohen Säulen noch keine Fenster eingebaut.

Hier täglich der Livemusik zu lauschen, ist mindestens so schön, wie den Menschen vor und neben sich zuzuschauen. Hier treffen sich Gäste, hier finden Fremde zueinander, hier werden Freundschaften geschlossen. »Wir sehen uns am Musikpavillon«, das ist keine vage Verabredung, sondern eher eine Aufforderung.

Seit 1890 bestimmt das Badeleben den Tourismus der Insel. Allerdings gingen damals Damen und Herren noch streng getrennte Wege zum Bad in der Nordsee. Aus medizinischer Sicht wurden nur wenige Minuten empfohlen – im Ganzkörperbadeanzug. Braun zu werden und zu viel Haut zu zeigen, war verpönt. Borkum wartete schon damals mit einer Besonderheit auf, die bis heute besteht: die bunt gestreiften Strandzelte. Sie lassen sich einfacher transportieren als Strandkörbe.

Anfangs konnten die Gäste ›ihre‹ mit Stoff umspannte Sitzbank noch an der Dachfarbe erkennen, da es nur sechs Vermieterfamilien gab. Heute stehen Namen dran. 1906 zog eine überfällige Neuerung ein: das erste Familienbad. Vater, Mutter und Kinder tummeln sich seitdem gemeinsam in den Fluten.

Im neuen Aquarium lässt sich alles über die Entstehung der Nordsee, den Klimawandel und das Wattenmeer hautnah erleben. www.nordsee-aquarium.de

NATIONALPARKSCHIFF BORKUMRIFF /// AM NEUEN HAFEN 9 ///
ORTSTEIL REEDE /// 26757 BORKUM /// 0 49 22 / 20 30 ///
WWW.NATIONALPARKSCHIFF-BORKUM.DE ///

# ALLES, WATT GUT IST

*Borkum – Natur*

3

Rund 92 Prozent der Fläche Borkums gehören zum Nationalpark Wattenmeer. Der zählt sogar zum UNESCO-Weltnaturerbe und steht somit nach der Liste des Gremiums zum Beispiel auf einer Stufe mit dem Great Barrier Reef in Australien. Leicht zu erkunden sind die Dünen im Ostland Borkums oder die ›Greune Stee‹, ein Wäldchen im Süden. Naturnah ist auch die Form einer originellen Postkarte – als Flaschenpost mit Sand gefüllt.

Die größte der sieben ostfriesischen Inseln hat die Form eines Hufeisens. Da konnten sich so viele Lebensräume herausbilden wie sonst auf keiner anderen der Inseln. 560 Pflanzenarten wachsen hier. Durch die Binnenweiden kommt der Wanderer zu kleinen Süßwasserteichen. Der Tüskendörsee gehört dazu; er liegt östlich des Flughafens. Tüskendör heißt ›zwischendurch‹, denn hier war die Insel durch ein breites Siel bis 1864 geteilt. Die Vielfalt der Arten lässt sich auch auf den Salzwiesen besichtigen, wo seltene Orchideen wachsen. Tausende von Zugvögeln nutzen sie zu einer Art Boxenstopp, um sich zu stärken. Von der Aussichtsdüne im Ostland lässt sich die hügelige Dünenlandschaft von Hooge Hörn im Osten bis zum Nordstrand überblicken. Wer auf der Strandpromenade steht, blickt weiter westlich auf eine Sandbank – das Borkumriff. Früher strandeten dort Schiffe. Heute sonnen sich da die Seehunde und sogar ein paar Kegelrobben. Das Feuerschiff Borkumriff, das einst vor dem seichten Wasser warnte, hat seine Position auf See längst verlassen. Es liegt im Borkumer Schutzhafen und beherbergt eine umfassende Schau, die über alles rund um den Nationalpark Wattenmeer etwas zu bieten hat. Das ideale Ziel für Familien.

Die Insel hat als einzige der sieben das gesunde Hochseeklima. Außerdem sind acht Klimatherapiewege ausgewiesen. Bei Joggern beliebt: Ein Lauf an West- und Süddünen lässt sich mit einer Strecke durch den Wald kombinieren. Die Greune Stee – ›grüne Stelle‹ – ist groß genug, um sich darin zu verlaufen. Originell ist eine Flaschenpostkarte. Sand hinein füllen und verschicken – so kann jeder seine angehäuften Urlaubserinnerungen weitergeben.

Baden, Indoor-Surfen, Sauna und Wellness – das alles bietet das Meerwasserwellenbad Gezeitenland.

# DIE MENSCHEN SIND DANN EINFACH GANZ BESEELT

*Singender Wattführer Albertus Akkermann*

1/11

Wer mit dem Borkumer Original ins Watt geht, kommt als neuer Mensch zurück. Jedenfalls weiß er dann mehr über die Pflanzen- und Tierwelt unter seinen Füßen und ist durch die Musik in Einklang mit sich selbst.

**Frage:** Sie sind sehr wahrscheinlich der einzige singende Wattführer der Welt. Wie läuft so eine zweistündige Tour im Borkumer Watt mit Ihnen ab?
**A. Akkermann:** Ich habe mein Akkordeon auf dem Rücken, wir stapfen los und wenn ich ein Loch ins Watt grabe, dort die ersten Herzmuscheln zeige, dann kommt auch schon das erste Lied.
**Frage:** Was stimmen Sie an?
**A. Akkermann:** ›Molly Malone‹, ein irisches Lied, das sich mit Herz- und Miesmuscheln befasst. Molly Malone war eine irische Fischhändlerin, die ihren Karren durch die Straßen schob.
**Frage:** Oh ja, das passt, stimmungsvoll, zum Mitsingen, oder?
**A. Akkermann:** Ja, die Gäste stimmen oft mit ein, die Lieder gehen ans Herz, nicht nur bei der Herzmuschel. Ich singe auch Lieder von Jacques Brel, Rio Reiser oder der Rockband ›Element of Crime‹. Die Menschen sind dann einfach ganz beseelt.
**Frage:** Sie haben auch so eine klare Stimme, man kann Ihnen gut zuhören. Was erleben die Gäste denn noch so mit Ihnen?
**A. Akkermann:** Ich habe auch eigene Lieder, singe plattdeutsche Texte und erzähle natürlich ein paar Geschichten über Meer und Watt. Ja, und dann verteile ich Drogen.
**Frage:** Wie bitte?
**A. Akkermann:** Ich zupfe etwas Wilden Wermut. Da sind Thujone drin, die tat man früher in den Absinth. In kleinen Mengen absolut ungefährlich, es riecht etwas nach Menthol. Überhaupt sollen bei meinen Wattwanderungen alle Sinne zu ihrem Recht kommen.
**Frage:** Haben Sie denn noch mehr für den Gaumen?
**A. Akkermann:** Queller habe ich zu bieten. Das ist die einzige Salzwiesenpflanze, die ohne Salzzufuhr nicht leben kann. Zu Fisch und Salat schmeckt der Queller hervorragend, lecker.

SCHIRMBAR /// STRANDPROMENADE /// 26571 JUIST ///
0 49 35 / 7 59 40 26 /// WWW.STRANDHALLE-JUIST.DE ///

# BEI REGEN ÖFFNET SICH DER SCHIRM VON SELBST

*Juist – Schirmbar*

4

Plaudern, flirten, kennenlernen – unter dem Schirm bei bestem Seeblick und windgeschützt ist das der Ort, wo sich junge Menschen auf Juist gern treffen. Cocktails, Sundowner, Longdrinks, Bier und Sekt werden nicht nur zum Sonnenuntergang gereicht. Doch gerade dann herrscht diese besondere Stimmung, die den Tag in neuem Licht erscheinen lässt. Gegenüber ist auch noch Platz – in der Strandhalle Pabst.

Ganz in der Nähe von Schirmbar und Strandhalle auf der Strandpromenade verläuft ein Strich durch die Landschaft. Es ist der siebte Längengrad östlich von Greenwich. Durch den Ort bei London zieht sich bekanntlich der Nullmeridian. Wer sich von Juist aus gedanklich auf dem Längengrad nach Süden bewegt, kommt in Köln und Saarbrücken vorbei. Er durchstreift die Sahara im Hoggar-Gebirge und kommt nach der Insel São Tomé vor Gabun erst in der Antarktis wieder an Land.

Viel Gesprächsstoff also für die immer lockerer werdenden Gäste neben einem unter dem Schirm, der sich bei Regen automatisch öffnet. Die Bar ist ein Teil der Häuser, die zum Hotel Pabst gehören. Gleich gegenüber in der Strandhalle werden Edelbratwurst, Matjesbrot und Jever oder sogar Kaiserschmarrn serviert. Wer zur Abendstimmung höher hinaus will, ist auch mit der Glaskuppel im Alten Kurhaus ein paar Meter weiter gut beraten. Dort versammeln sich bei einem Gläschen die Gäste im Sommer ab 21.30 Uhr, um die Sonne beim Untergehen zu beobachten. Dem alten Gassenhauer ›Wenn bei Capri die rote Sonne …‹ muss niemand nachtrauern. Hier sind die Minuten, wenn der rote Feuerball verschwindet, mindestens genauso schön. Dann geht es zurück in die Schirmbar, denn da wird noch gefeiert. Oder die paar Schritte zur Brandung sind es auch wert – denn im Dunkeln leuchten da im Sommer vielleicht die Mikroorganismen. Meeresleuchten oder Biolumineszenz heißt das Phänomen.

Es sind nur ein paar Schritte bis zum siebten Längengrad. Er ist auf dem Boden nachgezeichnet.

Insel Juist
Insel Juist
KURVERWALTUNG JUIST /// RATHAUS /// STRANDSTRASSE 5 ///
26571 JUIST /// 0 49 35 / 80 91 06 /// WWW.JUIST.DE ///

# DAS WAHRE ZENTRUM DER GENERATIONEN

*Juist – Schiffchenteich*

5

Wo sind die Kinder? Ach ja, am Schiffchenteich. Da können sie auch mal ohne ihre Eltern spielen, während die in der Nähe etwas einkaufen oder nebenan der Kurmusik lauschen. Viele Eltern haben sogar selbst früher am Schiffchenteich gespielt, als sie klein waren. Stammgäste nennt man so etwas. Sie kommen seit 30 Jahren. Das Urlaubsgefühl wird sozusagen gleich mit vererbt.

Das Wasser im Teich mit dem neuen Kunststoffboden schimmert blau. Kleine, rote Segelboote dümpeln darin. Am weißen Segel steht in blauer Schrift ›Insel Juist‹. »Das haben wir hier um die Ecke gekauft«, erzählt ein kleines Mädchen stolz. Zusammen mit anderen Kindern bringt es die Boote auf große Fahrt. Es spritzt. Weitere Kinder treffen ein. Eins steigt aus dem Fahrradanhänger und hält seinen Fuß ins Wasser. Von rechts kommt ein Katamaran den Zehen bedrohlich nah. Am anderen Ufer machen es sich gerade zwei Mütter mit je einem Hörnchen voller Softeis bequem. Sie blinzeln in die Sonne. Vom Balkon des Café Baumann winkt eine ältere Dame herüber. »Ich komme«, ruft sie und springt auf. Großmutter betreut Enkel, Übergabe am Schiffchenteich. Das Tagesprogramm der Juist-Urlauber hat hier sein Scharnier. Und das seit Generationen.

Am Kreuzungspunkt der Hauptdroschken- und Fahrradrouten treffen immer wieder Gäste ein. Einige kommen vom Memmertfeuer am Hafen. Die anderen haben bei ›Kees un Botterfatt‹ unten im Hotel Friesenhof Ziegenkäse gekauft. Ein älterer Herr packt seinen Nougat mit Marzipan aus, den er bei Ela Thomas in der Strandstraße gekauft hat. Schon die blau-weiß gestreifte Verpackung mit dem goldenen Wappen lässt auf den edlen Inhalt schließen, den der Inhaber selbst herstellt. »Ein Grund, hierher auf die Insel zu kommen«, schnalzt der Herr und kann sich kaum beim Verzehr der süßen Sachen bremsen. Und der Schiffchenteich ist das lebendige, generationsübergreifende Zentrum. Wenn es ihn nicht gäbe, müsste man ihn erfinden.

Juister Nougatspezialitäten und andere süße Sachen verkauft Ela Thomas in ihrem Laden in der Strandstraße 10.

KURVERWALTUNG JUIST /// RATHAUS /// STRANDSTRASSE 5 ///
26571 JUIST /// 0 49 35 / 80 91 06 /// WWW.JUIST.DE ///

## WINKEN UND ZURÜCKWINKEN, DAS ERZEUGT WOHLGEFÜHL

*An der Hafenausfahrt* 6

Sie sind das Salz in der Urlaubssuppe. Häfen gehören zu Ostfriesland wie Ebbe und Flut. Sie sind aber nicht nur gut zum Wechseln des Verkehrsmittels. Sie entfachen bei den Reisenden magische Kräfte. Die meisten winken, sie grüßen wildfremde Menschen und lächeln sie an. Diese wunderbaren Momente der kurzzeitigen Verbundenheit mit einer großen Gruppe werden oft unterschätzt. Deshalb sind Häfen das Elixier des Urlaubs.

Vom Seezeichen am Hafen von Juist winken die Urlauber den Abfahrenden auf dem Schiff zu. Die winken entweder gleich zurück oder müssen erst mit der Hand über den Augenbrauen das Gegenlicht ausblenden. Sind das die Freunde vom Strand? Sind das unsere Vermieter? Kennen wir die? Das mögen flüchtige Gedanken sein bei der Vorbeifahrt. Doch die Antwort erübrigt sich fast. Nur Sekunden dauert der Blickkontakt, denn schon stehen dort die Nächsten, die winken. Oder es ist ganz aus mit dem Armrudern.

Das Zuwinken hat eine lange Tradition. Sie wird oft unreflektiert übernommen. Sie hat ihr Gutes. Es sind Augenblicke des Wohlgefühls, des Gemeinschaftserlebens und der klassenlosen Verbundenheit, die so entstehen. Wir Urlauber, die wir diese Insel XY so lieben, uns vereint etwas Unausgesprochenes. Sofort spürt der Winkende wie der Bewunkene, dass er wahr- und ernstgenommen wird.

Man muss sich nur vorstellen, welches aggressive Knurren sich in einem aufbaute, würden diese Momente des Winkerglücks durch Rückenzukehren vermieden. Es käme einer Art Verweigerung eines Urlaubsgefühls gleich. Der Reisende schliche sich heimlich wieder von der Insel. Ihm wäre es peinlich, sein Gesicht zu zeigen. Anonym und verhüllt wie bei einer Sturmflut torkelte er über das wellengetriebene Schiff. Was für ein Untergang an Emotionen!

Urlauber, winke! – das ist das Gebot bei An- und Abreise per Schiff. Häfen sind Wohlfühlkatalysatoren. Sie verstärken Freude, und die muss man mit anderen teilen, damit sie noch größer wird.

☞ Außenplätze an Bord sichern, möglichst bei jedem Wetter die Aus- und Einfahrt in den Hafen genießen.

**FLUGHAFEN JUIST /// FLUGPLATZSTRASSE 31 /// 26571 JUIST ///**
**SERVICE 0 49 31 / 9 33 20 /// WWW.EDWJ.DE ///**

# UMSTEIGEN VOM FLUGZEUG IN DIE KUTSCHE

*Juist – Flughafen*

7

Die Ferienflieger von Juist sind kaum fünf Minuten in der Luft, da setzen die Gummireifen auch schon auf der Piste auf. Der Flug herüber von Norddeich ist kurz und beliebt. Die Fähre fährt nicht oft, denn sie ist auf genügend Wasser unter dem Kiel angewiesen – die Fahrrinne ist bei Ebbe zu flach. Im Flughafen-Restaurant auf der Terrasse zu sitzen und die Starts und Landungen zu beobachten, ist ein Vergnügen.

Mit 33.000 Starts und Landungen im Jahr befindet sich der Flughafen Juist auf Platz zwei in Niedersachsen – hinter dem großen von Hannover-Langenhagen. Oben im Tower mit den Antennen und der rot-weiß karierten Dachkante hat der Fluglotse Mühe, den Überblick zu behalten. Stress pur. Die zweimotorigen Maschinen verschwenden nicht viel Zeit am Boden. Schnell sind Koffer und Gäste aus- sowie neue eingeladen. Dann starten schon wieder die beiden Triebwerke.

Von der Terrasse im Flughafen-Restaurant aus ist das Treiben gut zu beobachten. Während die Insel sonst in sich ruht, herrscht hier hohe Betriebsamkeit. Das ist für einige Zeit bei Kaffee und Kuchen eine hübsche Abwechslung im Urlaubsalltag. Auch der Übergang vom Reisen im 21. Jahrhundert (durch die Luft einige hundert Meter über dem Wattenmeer fliegen) ins 19. Jahrhundert ist zu verfolgen. Da die Insel autofrei ist, warten Pferdekutschen als Taxi auf die Anreisenden. Sie bringen Mensch und Koffer im Trab in den vier Kilometer entfernten Ort Juist zur Unterkunft. Das dauert mehr als fünf Minuten, also länger als der Flug von Norddeich auf die Insel. Aber es ist schon der richtige Schritt in die Entschleunigung, zu der Juist ja als Urlaubsziel in der Nordsee quasi verpflichtet ist.

Auf der Terrasse sitzen auch Hobbyflieger, die gerade nur zum Baden herübergeflogen sind, jetzt etwas ausruhen und dann mit ihrem Sportflugzeug wieder zum Sprung hinüber aufs Festland ansetzen. Der Fluglotse wird gerade abgelöst. Bis zur Dämmerung sind noch einige Starts und Landungen zu erwarten.

Vögel beobachten im Kalfamer, dem Ostteil von Juist, der hinter dem Flughafen beginnt.

MILCHBAR NORDERNEY /// DAMENPFAD 33 /// 26548 NORDERNEY ///
0 49 32 / 92 73 44 /// WWW.MILCHBAR-NORDERNEY.DE ///

# STEHT ALLES AUF DER MILCHMÄDCHENRECHNUNG

*Norderney – Milchbar*

8

Das liebevoll restaurierte Rund, in dem schon früher Milch verkauft wurde, ist der Treffpunkt auf Norderney. Hier entspannen sich Babys und Greise sowie alle Jahrgangsstufen dazwischen. Dazu fällt der Blick aufs Meer und die Strände rechts und links – ein Ort zum Wohlfühlen und Genießen.

›Chill out‹ sagen die Jüngeren, Erholung die anderen. Jedenfalls liefert die Milchbar auf Norderney die passende Musik dazu. Beschwingt ist das, was Blank & Jones zusammenmixen. Die CDs laufen in der Bar, im Internet und sind auch an beiden Orten zu kaufen. Milchbarmusik exklusiv. Unverkäuflich dagegen ist das Gefühl, hier in der Bar hinter den Panoramascheiben am Kamin zu sitzen und das Strandleben zu beobachten. Dazu einen Milchreis, bitte – der steht immer in großen Töpfen bereit. Cappuccino und Tee, kleine Gerichte oder Cocktails sind auch zu bekommen. Vielleicht läuft heute eine Clubnacht, eine Lesung mit Meeresrauschen auf der Terrasse, oder es sind einfach Freunde da. Wenn es zu kalt wird draußen, liegen Decken bereit. Beim Bezahlen sollte man die dann präsentierte ›Milchmädchenrechnung‹ durchaus ernst nehmen.

Vom historischen Pavillon mit dem Glasanbau ist schon ein Teil des Strandes – immerhin 15 Kilometer lang – zu erkennen. Norderney hat mehr. Mit Blick aufs Meer geht es nach rechts zum Nordbadestrand, pulsierend, voller Leben, manche sitzen dort mit Picknickkorb und -decke oder im Strandkorb. Der Ostbadestrand ist chillig, szenig und gefragt bei Jungen und Junggebliebenen. Der FKK-Badestrand mit der Strandsauna direkt an der Brandung gilt als Kult. Aus den zwei ›Schwitzkästen‹ fällt durch die großen Fenster der Blick auf die Wellen. Dagegen haben ganz im Westen die Kinder das Sagen. Von der Milchbar aus nach links führt der Weg dorthin, wo Sandburgen gegraben werden. Hier stehen Badekarren. Es läuft gerade Frühgymnastik in frischer Morgenluft. Strandlust und -luft sind zwei innige Schwestern – das ist hier zu spüren.

»Watt Welten« heißt das neue Nationalpark-Haus und ist schon äußerlich ein Schmuckstück, Am Hafen 2.
www.nationalparkhaus-norderney.de

KURTHEATER NORDERNEY /// AM KURTHEATER 4 /// 26548 NORDERNEY ///
0 49 32 / 89 11 80 /// WWW.NORDERNEY.DE ///

# HEINRICH HEINE WARTET NOCH

*Norderney – Kurtheater*

9

Mit rund 1.000 Programmpunkten im Jahr ist Norderney eine ›Veranstaltungsinsel‹, wie sie im Kulturbuch steht. Das Warschauer Symphonieorchester spielt auf, das Norderneyer Laientheater besticht mit seinem Ensemble. Das Filmfest Emden-Norderney zieht jedes Jahr viele Kinofreunde an. Ziel fast aller ist das repräsentative Kurtheater der Insel.

Er hockt auf einem Podest vor dem Kurtheater und denkt nach. Der deutsche Dichter Heinrich Heine war von 1825 bis 1827 dreimal auf der Insel. Das 1928 errichtete Denkmal erinnert an den Autor, der seine Eindrücke von Norderney so festhielt: ›Am blassen Meeresstrande saß ich gedankenbekümmert und einsam.‹ Diese Zeilen stammen aus dem Gedicht ›Abenddämmerung‹, veröffentlicht 1826 im Buch ›Reisebilder. Erster Teil‹. Klar, denn das Kurtheater stand noch nicht. Die Einsamkeit war jedoch selbst verschuldet, denn schon im Jahr 1800 war Norderney als Seebadeanstalt offiziell eröffnet worden. 250 Kurgäste kamen, die 581 Insulaner vermieteten schon 70 Zimmer. 1840 zählte Norderney zu den populärsten Kurbädern Europas.

Das Kurtheater ließ 1893 der Hotelier Gustav Weidemann für 80.000 Reichsmark bauen. Er nahm sich das Opernhaus in Hannover zum Vorbild. Damals gehörte die Insel zum königlichen Hannover, und König Georg V. kam öfter vorbei. Nach ihm ist eine Aussichtsdüne benannt, seiner Frau Marie die gleichnamige Höhe gewidmet. Doch das Kurtheater mit seinen roten Samtsesseln ist immer noch das kulturelle Basislager für Norderney. Vorträge, Konzerte, Filme, Comedy – alles läuft in dem illustren Haus. Das Norderneyer Laientheater hat Tradition seit mehr als 30 Jahren. Auch das liebevoll restaurierte Conversationshaus, 1840 im klassizistischen Stil errichtet, bietet Urlaubern eine (kulturelle) Anlaufstelle. Café, Bibliothek und Lesesaal sind beliebt. Wer dann abends von seiner Kulturveranstaltung kommt, steuert gern die Bar kurPalais an.

254 Stufen führen hinauf zum 54 Meter hohen Leuchtturm mit bester Sicht aus der Glaskuppel (Am Flugplatz).

WELLNESS-OASEN /// WWW.OSTFRIESLAND.DE ///

BADE:HAUS NORDERNEY /// AM KURPLATZ 3 /// 26548 NORDERNEY ///
0 49 32 / 89 14 00 /// WWW.BADEHAUS-NORDERNEY.DE ///

Historisches Schaufenster
Ein Projekt der
Stadt
Norderney

## DIE GESUNDHEIT KOMMT DIREKT AUS DEM MEER

*Thalasso*

Manche trauen sich einfach nicht, sich in den Schlick am Meeressaum zu werfen. Selbst die Ansage, das sei gesund, kann viele nicht dazu animieren. Es sieht einfach nicht gut aus. Deshalb wurde Thalasso erfunden. Da kommt der Schlick ins Haus. Meist wird eine Wanne mit warmem Meerwasser angesetzt, in die neben dem Schlick auch Algen fließen. Oft riecht einem das zu fischig, weshalb Düfte zugesetzt werden, von Banane bis Olive.

Fast alle Kurzentren an der Küste und die meisten Badeorte auf den Inseln bieten die Thalasso-Therapie an. Das Wort leitet sich vom griechischen ›thalassa‹ ab, was Meer heißt. Es ist eine umfassende Wohlfühltherapie, die gegen Infektionskrankheiten schützt. Zum ›echten‹ Thalasso, wie es an der ostfriesischen Küste praktiziert wird, gehören Qualitätsmerkmale. Dazu sind vorgeschrieben: die geringe Entfernung vom Meer – höchstens 300 Meter –, denn es muss frisches Meerwasser in die Wanne fließen. Das ist gereinigt, aber sonst unverändert. Drei Einzelbehandlungen am Tag stehen jedem Gast zu. Hygiene und Sicherheit werden streng beachtet. Ärzte und Therapeuten sowie Masseure und Sportlehrer stehen bereit. Schlick, Algen, Kreide und Sand entspannen und entschlacken den Körper. Der Zellstoffwechsel wird angeregt. Die Haut durchblutet besser. Dazu tragen weiterhin die Sonne und das Meeresklima bei, denn der Gast muss sich auch draußen am Meer bewegen. Der Effekt wirkt dann auf den gesamten Organismus. Thalasso ist somit ›Gesundheit aus dem Meer‹.

Bis 2020 will Norderney die bekannteste Thalasso-Insel in Europa sein. Das Badehaus steht dafür für den ganzheitlichen Gesundheitsansatz und ist bereits 2015 mit dem goldenen Titel »Best Public Bath« in Europa ausgezeichnet worden. Das Badehaus setzt auf hohe Qualität sowohl bei der Betreuung als auch beim Ambiente. Seit 2005 hat es sich damit einen Namen gemacht. Thalasso-Kur-Wege führen über Norderney. Die Gehstrecken sind barrierefrei und bieten beste Voraussetzungen, den Körper dem Wind und der Seeluft sowie der Sonne auszusetzen. Schutzhütten und Toiletten sind unterwegs zu finden. So ist der Effekt dieser Bewegung in aerosolhaltiger Luft ein Grundpfeiler der Therapie. In diesem größten öffentlichen

Thalasso-Zentrum Deutschlands sind auch Dachsauna, Außensauna, Schlammbad (Razul) und Hamam (Waschbad) zu finden. Bewegungsbecken sowie Kalt- und Heißbad runden das Angebot ab.

Die Badeärzte legen Wert auf eine umfassende Behandlung. Thalasso wirkt auf Körper und Seele. Nur so lasse sich der gewünschte Erfolg erreichen, betonen die Therapeuten. Viele Gäste nutzen die Angebote auch, um Krankheiten vorzubeugen, um sich fit zu halten und zu kosmetischen Zwecken. Straffe Haut ist durch mehrfache Thalasso-Anwendungen tatsächlich zu erreichen, wie die Fachleute betonen. 1750 schreckte der englische Arzt Richard Russell mit seiner Doktorarbeit die Kollegen auf. Er hatte herausgefunden, dass durch Meerwasser kranke Lymphknoten geheilt und Halslymphknoten verkleinert werden können. In Deutschland und Frankreich blühte die Thalasso-Therapie, wie sie genannt wurde, auf. Später erfuhr Tunesien eine hohe Nachfrage nach diesen Anwendungen, wo sich berühmte Franzosen behandeln ließen.

In Ostfriesland gehört Thalasso inzwischen zum festen Bestandteil der breiten Palette von Wellness-Angeboten. An vielen Orten sind neue Thermen gebaut worden, die den Aufenthalt angenehm begleiten. Es sind Wohlfühlbäder im besten Sinne, sodass der Urlaub rund ums Jahr möglich ist. Eine Woche wird als Minimum empfohlen, damit Thalasso wirkt. Es darf aber auch etwas mehr sein!

Doch neben allen medizinischen Anwendungen sollte die Freude hinzukommen. Sie kann man nicht im Vorübergehen mitnehmen. Sie braucht etwas Zeit. ›Am Tisch der Freude zu sitzen, öffnet mir die Augen, dass ich überall die Wonne des Lebens entdecke‹, schreibt der indische Philosoph Rabindranath Tagore. Die lauert auf dem Festland und den Inseln Ostfrieslands überall, sie will nur entdeckt werden. ›Die Freude lässt mich mit meinen Augen die Schönheit erkennen, die mich jederzeit umgibt.‹ Zwar besuchte Tagore 1921 auch Deutschland, nicht jedoch Ostfriesland. Doch gelten die Weisheiten und Erkenntnisse des Literatur-Nobelpreisträgers von 1913 sicher auch für diese Gegend.

Thalasso an der Nordseeküste vereint also die klassische Meerwasserbehandlung mit der Inhalation von Freude. Das kann ein nachhaltiger Erkenntnisgewinn sein, der auch zu Hause noch nachwirkt. Aus Freude wird Lebensfreude – und das ist der beste Schutz gegen Krankheiten.

STERNWARTE NORDERNEY /// AM KAP 32 (SCHOTTERWEG) ///
26548 NORDERNEY /// 01 76 / 24 92 82 09 ///
WWW.STERNWARTE-NORDERNEY.DE ///

## DIE STERNE SIND ZUM GREIFEN NAH

*Norderney – Weltall*

10

Der Himmel über Norderney ist etwas für romantische Momente. Hier sind die Nächte dunkler als in den großen Städten. Wenn die Wolken sich verziehen, funkelt im All ein Sternenmeer. Viele Gäste sind erstaunt, was sich da oben alles tut, wenn man nur genau hinschaut und ein paar Hinweise vom Profi bekommt. Sternwarte und Planetenweg sind zwei wunderbare Startrampen ins All.

Die Sternwarte ist der Initiative eines Tischlers und Zimmermanns zu verdanken. Wilhelm Dorenbusch von Norderney konstruierte nach mehreren Anfängerfehlern mit einem Papprohr und Brillenglas in den 1960er Jahren endlich einen Holztubus. Hinein setzte er ein Spiegelteleskop. Er wollte schließlich ins All sehen. Heute lassen sich von der Sternwarte aus – die Kuppel entstand 1962 – viele schöne Gestirne anschauen. Ein kleiner, engagierter Kreis von Sternfreunden hält das technische Wunderwerk nahe am Wasserturm am Leben, mehr noch: Ständig wird die Ausrüstung noch verbessert.

Eine ›lebende‹ Sonnenuhr gibt es auch im Garten. Da kann sich jeder als Zeiger hinstellen und an seinem Schatten erkennen, wie spät es ist. Für alle, die eine Art Flug durchs All wagen möchten, steht der Planetenweg bereit. Es ist eine etwa zwei Kilometer lange Wander- und Radstrecke durch die Dünen. Bei ihr legt der Besucher umgerechnet die sechsfache Lichtgeschwindigkeit zurück und trifft auf Kugeln, die die Planeten des Sonnensystems symbolisieren. Das maßstabsgerecht verkleinerte Abbild befindet sich am Alten Postweg des Südpolders. Tafeln informieren über die Grunddaten, zum Beispiel die des Jupiter. Er ist groß und schnell – 142.984 Kilometer im Durchmesser – und braucht nur etwa zehn Stunden für eine Rotation. Bis er allerdings einmal um die Sonne auf seiner weiten Bahn gezogen ist, vergehen nahezu zwölf Erdjahre. Das wären zwölfmal Norderney-Urlaub – für Stammgäste.

März bis Oktober dienstags ab 20 Uhr: Himmelsgucker treffen sich zum Vortrag. Sterne ansehen – fast immer möglich nach Anmeldung.

KATHOLISCHE KIRCHE ST. NIKOLAUS /// HAUS 34 /// 0 49 39 / 5 80 ///
GROSSE EVANGELISCHE INSELKIRCHE /// HAUS 93 ///
ALTE INSELKIRCHE /// HAUS 8 /// 0 49 39 / 91 49 06 ///
WWW.EV-KIRCHE-BALTRUM.DE ///

# SCHÖNER DIE GLOCKEN NIE KLINGEN

*Baltrum – Kirchen*

11

Inselkirchen haben ihren Reiz. Doch auf dem kleinen Baltrum mit seinen 500 Einwohnern sind gleich drei Kirchen im Einsatz. Die Alte Inselkirche – kaum größer als eine Garage – und die große evangelische werden durch eine katholische ergänzt. Sie vermittelt in Ringform mit Reetdach besonderes Flair. Glocken haben alle drei, was schöne Klänge über die Insel weht.

Da Straßennamen für den kleinen Ort übertrieben wären, hat man die Häuser fortlaufend nummeriert. Das älteste trägt die Nummer fünf, das neueste die 330. Die Alte Inselkirche wurde ein Jahr nach einer verheerenden Sturmflut 1826 errichtet und erhielt die Nummer acht. Sie ist heute die zweitälteste auf den ostfriesischen Inseln (die älteste steht auf Spiekeroog und ist von 1696). Viele Jahre stand sie leer, bis 1995 Baltrumer anfingen, das zur Rumpelkammer verkommene Innere zu restaurieren. Auch heute noch wirkt sie äußerst schlicht. Auffällig ist eher der hölzerne Glockenturm auf dem Vorrasen – das Wahrzeichen der Insel. Diese Schiffsglocke aus dem Jahr 1786 wird noch von Hand geläutet.

Imposant erscheint dagegen die katholische Kirche. Der Gast betritt sie durch ein Portal, das in einen Innenhof mit grünem Rasen führt. Dort fühlt sich der Besucher augenblicklich behütet und beschützt. Die Sonne blinzelt hinein. Das reetgedeckte Rund mit Bildern auf weißen Wänden verleiht der 1957 eröffneten Kirche Schutz und Leichtigkeit zugleich. Auch hier pendelt die Glocke an einem freistehenden Holzgerüst. Bunt verglaste Fenster, auf denen Geschichten des Heiligen Nikolaus wiedergegeben sind, schmücken das Sommeratrium. Darin werden die Gottesdienste und Konzerte veranstaltet. Der Altar hat die Form einer Muschel.

Konzerte sind auch in der großen Schwester der Alten Inselkirche zu hören – der evangelisch-lutherischen Kirche von 1930. Im 1965 erhöhten Turm schwingen eine große und zwei kleine Glocken. 300 Menschen – also fast alle Baltrumer – fänden Platz im Kirchenschiff.

Das Museum Altes Zollhaus überzeugt durch einmalige Relikte von Schifffahrt bis Tourismus.

TOURIST-INFORMATION IN DER KURVERWALTUNG /// HAUS 130 ///
26579 BALTRUM /// 0 49 39 / 80 28 /// WWW.BALTRUM.DE ///

# DAS GLÜCK DER PFERDE

*Baltrum – Pferde*

12

Keine Autos, kaum Fahrräder, viele Handwagen – Baltrum setzt auf Fußgänger. Wer vom Ostdorf am Süddeich entlangspaziert Richtung Westdorf, sieht zum Festland hin die Pferde auf den Wiesen grasen. Sie halten ihre Nüstern in den Wind und spielen vergnügt. Was für ein fröhlicher Anblick!

In den Wiesen des Westheller liegt das Glück der Pferde. Als seien sie wild und frei, jagen sie über das Gras. Es sind braune, schwarze und weiße, die sich hier austoben. Sie beschleunigen. Sie stehen im Wind und lassen ihre Halsmähne wehen. Sie schnuppern vorsichtig auf Gäste zu, die sich an das Gatter stellen. Wären die Vierbeiner hier zur Kur, sie könnten noch lange davon zehren.

Bänke laden die Fußgänger zum Sitzen ein. Der Blick fällt dann nicht nur auf die satten Weiden, er öffnet sich zum Baltrumer Inselwatt und wird über einen schmalen Streifen Wasser zum Festland gezogen. Der Streifen ist allerdings vier Kilometer breit, was aus der sitzenden Perspektive wirklich nicht zu glauben ist. Hinter dem Deich, zwischen Neßmersiel und Dornumersiel dreht sich lautlos eine weiße Armada von Windräderflügeln.

Dann wird angespannt. Für die Kutschfahrten werden die Pferde nun gebraucht. Es geht auf den Wegen über die kleine Insel – was für eine entschleunigte Verkehrsweise. Auch die Pferde selbst wirken sehr entspannt. Wanderer sind zu sehen, die zur Schutzhütte am Osterhook wollen. Es ist eine fröhliche Mischung aus fahrendem und laufendem Volk.

Auf Baltrum gehen die Uhren langsamer, so scheint es zumindest. Die Tage sind gefühlt viel länger als auf dem Festland oder gar zu Hause im Büro. Baltrumer Zeit ist ganz lang – so, als wären die Körner in der Sanduhr hier größer und passten nicht so schnell durch die enge Öffnung.

Einkehren im Café Kluntje, Ostdorf, Nr. 29 – Waffeln, Sanddorntorte, Wein und Tee werden im alten Haus und draußen serviert.

VORLETZTE GERÄUSCHE

# ICH SUCHE DEN INSELWITZ

*Cartoonist Denis Metz*

2/11

Wie Wellen verlässlich Strandgut anspülen, so kommen Denis Metz am Meer die besten Ideen. Der 41-jährige Cartoonist lebt auf Baltrum und hat sich dort ein lebenswertes Umfeld geschaffen. Er kümmert sich um das Marketing für die Insel in der Kurverwaltung, arbeitet als Grafiker und organisiert jährlich im Mai den »Inselwitz«, einen Cartoon-Workshop.

**Frage:** Herr Metz, wer ist Herr Schnabulak?

**D. Metz:** Herr Schnabulak ist ein altmodischer Herr mit rotem Mantel und Zylinder, der mit seiner ganz eigenen Logik und Lebensart nicht in diese hektische, zynische Welt zu passen scheint. Ich habe ihn vor Jahren mal für ein paar Witze kreiert, doch da ich dieser Figur in meiner Seele sehr ähnlich bin, wurde sie mehr und mehr zu meinem Alter Ego.

**Frage:** Wie kommen Sie zu Ihren Ideen, sitzen Sie im Strandkorb am Meer oder auf dem Pferderücken?

**D. Metz:** Nein, Ideen ›kommen‹ von irgendwoher, meist im Gespräch mit anderen Menschen, am Küchentisch, in der Kneipe oder eben auch am Strand. Ich habe ständig ein Skizzenbuch bei mir, um alle Einfälle festzuhalten, sonst vergesse ich die wieder. Aber diese Ideen müssen dann noch reifen, das passiert am Zeichentisch. Am Strand sitze ich liebend gern, höre den Wellen zu, es gibt keine bessere Art, zur Ruhe zu kommen.

**Frage:** Wie lebt es sich auf Baltrum – mit 500 Einwohnern und 10.000 Lachmöwenpaaren?

**D. Metz:** Ich genieße das. Beides. Die 500 Menschen, die ich sehr lieb gewonnen habe und die 20.000 Vögel, die mich jeden Morgen vor meiner Haustür begrüßen. In der Tat habe ich mich noch nirgends so zu Hause gefühlt wie hier auf Baltrum!

**Frage:** Was machen Sie im Winter?

**D. Metz:** Ich liebe diese Frage! Sie glauben gar nicht, wie erholsam das ist, wenn im Winter der ganze Trubel mal vorbei ist! Aber Zeit hat man im Winter nicht mehr als im Sommer: Aufträge als Cartoonist habe ich das ganze Jahr, dann muss der nächste »Inselwitz« organisiert werden, zu dem rund 20 bekannte Karikaturisten aus ganz Deutschland kommen. Und ich will unbedingt Gitarrespielen lernen, aber meinen Sie, ich hätte es auch nur einmal geschafft, das Ding in die Hand zu nehmen?

**LANGEOOGER WASSERTURM /// AM WASSERTURM ///
26465 LANGEOOG /// 0 49 72 / 69 30 ///
WWW.LANGEOOGER-WASSERTURM.DE ///**

# UNTER DER LATERNE ...

*Langeoog – Lale Andersen*

13

Wäre Lale Andersen 100 Jahre alt geworden, hätte sie zusehen können, wie ihr unterhalb des Wasserturms auf ihrer Lieblingsinsel ein Denkmal gesetzt wurde. 2005 hatte die Goldschmiedin Eva Recker das lebensgroße Bronzeabbild der legendären Sängerin fertig. Es steht in der Fußgängerzone – unter der Laterne. Das spielt auf ihr bekanntestes Lied an: ›Lili Marleen‹.

Der Ort, wo Lale Andersen in Lebensgröße als Bronzefrau steht, ist aus zwei Gründen besonders schön. Gleich nebenan in der Goldschmiede lässt sich die Skulptur als Miniatur kaufen, und der Blick auf den eckigen Wasserturm liegt von hier aus nahe. Der 1909 errichtete Speicher für Trinkwasser diente bis 1983 diesem Zweck. Heute ist er das Wahrzeichen der Insel und gut für Fernblicke. Man steigt hinauf und genießt die herrliche Umgebung.

Die Sängerin, vier Jahre vor dem Bau des Wasserturms in Bremerhaven-Lehe geboren, kam kurz vor Ende des Zweiten Weltkriegs nach Langeoog. In der Straße Gerk-sin-Spoor wohnte sie in einer Baracke, die kanadische Truppen für sie zusammengezimmert hatten. Später baute sie sich an der Stelle den Sonnenhof. Er diente lange Jahre als Café und hing voller Erinnerungsfotos an die 1972 in Wien gestorbene Schauspielerin.

Wer größere Sehnsucht nach der weltberühmten ›Lili Marleen‹-Interpretin hat, findet ein Stück weiter auf der Straße den Dünenfriedhof. Dort ist Lale Andersens Grab zu sehen. Oft stehen dort noch Blumen, die Fans gebracht haben. Man kann sie sogar noch singen hören. Das ist über eine Telefonnummer möglich (aktuell bei der Kurverwaltung erfragen, Hauptstraße 28), die mit der jeweiligen Endziffer Ansagen zu Sehenswürdigkeiten auf der Insel aktiviert. Unter einer Nummer ist dann viel über Lale Andersen zu erfahren.

Trauringe und Schmuck selbst schmieden – Dat Werkhus, An den Bauhöfen 1.

LANGEOOG
Die Insel fürs Leben
KURVERWALTUNG LANGEOOG /// HAUPTSTRASSE 28 ///
26465 LANGEOOG /// 0 49 72 / 69 30 /// WWW.LANGEOOG.DE ///

# DIE FAHRRAD-INSEL

*Langeoog – Radwege*

14

Der Name verrät es – ›langer Ort am Wasser‹ lautet die Übersetzung für den Inselnamen. Die Entfernungen sind groß, Autos nicht zugelassen. Die Kurverwaltung wirbt augenzwinkernd damit: autofrei seit 1398. Also ist das Fahrrad das Verkehrsmittel. Mit dem Zweirad lässt sich vom Hafen durchs Wäldchen, die Herrenhusdünen, an der Aussichtsdüne Melkhörn vorbei bis fast zum Osterhook fahren – ein großes Revier.

Elf Kilometer lang, vier Kilometer breit – da eröffnen sich auf Langeoog viele Wege. Viele Gäste möchten schnell sein und sich ein Fahrrad mieten. Die Verleiher der Zweiräder überbieten sich in ihrer Modellvielfalt. Vom Tandem bis zum Cruiser mit dicken Ballonreifen ist fast alles da. Aus Sicht der Radfahrer stören nur die Pferdefuhrwerke und Fußgänger – nein, nicht im Ernst. Vielmehr muss der Radfahrer immer wieder darauf verwiesen werden, die anderen beiden genannten Verkehrsteilnehmer zu respektieren. Zu wild treten manche in die Pedale.

Deshalb wird die Barkhausenstraße, an der viele Cafés und Geschäfte liegen, täglich von 10 bis 12.30 Uhr und 16 bis 18 Uhr für Radfahrer gesperrt. Damit sich niemand herausreden kann, er habe die Zeit im Urlaub nicht so im Blick, ist gleich über dem Verbotsschild eine Uhr angebracht. Ordnung muss sein. Auch am Strand ist das Radeln verboten.

Bewegung hat die ›Insel fürs Leben‹ sich ohnehin auf ihre Fahnen geschrieben. Sie bietet eine Vielfalt an Sport- und Spielangeboten wie kaum eine andere ostfriesische Insel. Vom Strandvolleyball über den eigenen Drachenstrand bis zum Angebot für Kinder reicht die Bandbreite. Tischtennishalle und Sporthus liegen in Strandnähe. Das Spöölhus steht Kindern mit ihren Eltern offen. Selbst Kitesurfer finden ihre Ecke. Für Mobilitätseingeschränkte stehen kostenlos Strandrollstühle bereit. Den Aktivitäten im Sand sind kaum Grenzen gesetzt. Es lässt sich auch das Sportabzeichen erwerben.

Dünensingen zum Mitmachen wird in der Saison immer dienstags um 20 Uhr im Dünental zwischen Wasserturm und Hauptbad angeboten.

BAUER ARENDS /// SANDDORNWEG 1 ///
26465 LANGEOOG /// 0 49 72 / 01 29 50 ///
WWW.HOCHLANDRINDER-VON-DER-INSELWIESE.DE ///

# LANGEOOGER RIND KENNT FAST JEDES KIND

*Langeoog – Hochlandrinder*

15

Sie heißen Highlander, auch wenn sie hier so tief stehen wie sonst nirgends – nahe dem Meeresspiegel. Die zotteligen Hochlandrinder in den Wiesen Langeoogs sind eine Attraktion. In der Nähe des Schloppsees grasen sie friedlich oder schauen den Urlaubern zu. Umrahmt von Dünen bietet sich so ein bizarres Bild. Ein lebendes Stück Schottland steht hier in einer typischen Insellandschaft. Da bietet es sich an, etwas länger stehen zu bleiben.

Als sich Bauer Arends vor mehr als zehn Jahren entschloss, schottische Hochlandrinder nach Langeoog zu holen, war ihm Aufmerksamkeit gewiss. Heute hingegen haben sich die meisten an den Anblick der robusten, langhaarigen Rinder gewöhnt. Seit 2007 besteht die Herde aus mehr als 60 Tieren. Die Zucht ist offenbar erfolgreich. Sie ist auch ein Symbol – und zwar für die regionale Vermarktung.

Das fettarme Fleisch der Tiere mit wenig Cholesterin wird zum Beispiel im Panorama-Restaurant Seekrug auf Langeoog serviert. Das Lokal erhielt sogar mehrere Urkunden für die Verwendung qualitativ hochwertiger regionaler Spezialitäten. Gedämpftes Beinfleisch vom Inselrind mit einem Mus von Wildäpfeln und Meerrettich findet sich da auf der Speisekarte. Als Renner gilt auch das Rosenblüten-Eis. Manche bestellen sich als Erinnerung an ihren Urlaub auf der Insel später im Online-Shop des Seekrugs Hagebutten- oder Holunderkonfitüre, Sanddornsaft oder Rapshonig.

Zusammen mit anderen Restaurants von Emden über Wiesmoor bis Norden gehört der Seekrug zur Initiative ›Ostfriesland Kulinarisch‹. Die heimische Landschaft zu pflegen und die Äcker und Weiden umweltverträglich zu bewirtschaften steht bei den Betrieben, von denen die Initiative einkauft, im Vordergrund. Fleischprodukte aus artgerechter Tierhaltung ohne vorbeugende Antibiotika und Hormone sind gefragt. Gute und ideenreiche Gerichte zaubern die Restaurants daraus und achten darauf, Regionalprodukte zu verwenden, die zur Jahreszeit passen. Mangos aus Peru sucht der Gast hier vergeblich.

›Ostfriesland Kulinarisch‹ bietet regionale Produkte hoher Qualität auf dem Teller. www.onno-net.de

# ICH KAM NICHT WEGEN EINER FRAU, ICH BLIEB WEGEN EINER

*Bürgermeister Uwe Garrels*

3/11

Uwe Garrels ist so etwas wie ein Unikum auf Langeoog. Er erklärt den Ankömmlingen die Insel, war lange Jahre Wattführer, und er weiß so viel über Ostfriesland. Dabei hat er das gewisse Etwas, das auch zu vermitteln. Die Menschen zum Lachen zu bringen, das liegt ihm.

**Frage:** Wie findet jeder Urlauber zu ›seiner‹ Insel, was macht die so unverwechselbar, warum kommt er immer wieder?
**U. Garrels:** Die Menschen finden zu der Insel, die zu ihrer Seele passt. Darum kommen sie immer wieder ›nach Hause‹, wenn sie zu uns kommen. Dagegen haben wir keine Chance.
**Frage:** Wie gehen Einheimische und Gäste überhaupt aufeinander zu? Der Ostfriese an sich gilt ja als zurückhaltend.
**U. Garrels:** ›Der Einheimische an sich‹ ist nicht unbedingt ein Ostfriese, sondern eine bunte Mischung aus allen, die hier landen. Wenn sie aufeinander zugehen, dann meistens zu Fuß.
**Frage:** Wie lange leben Sie schon auf Langeoog? Sie kamen doch wegen Ihrer Frau …
**U. Garrels:** Ich lebe inzwischen seit über 38 Jahren auf Langeoog und ich kam nicht wegen einer Frau, sondern ich blieb wegen einer …
**Frage:** Beschreiben Sie, bitte, ganz kurz das Gefühl, auf einer Insel zu leben.
**U. Garrels:** Gut isoliert.
**Frage:** Sie kennen sich doch mit der Tierwelt aus auf Langeoog – gibt es Rehe?
**U. Garrels:** Es gibt Rehe. Nächste Frage …
**Frage:** Haben Sie eine Lieblingsecke auf Langeoog – es ist ja der ›lange Ort am Wasser‹?
**U. Garrels:** Es ist der Strandübergang am Beginn des Flinthörn-Deiches – mit fantastischem Blick auf einen jungen Strand, riesigem Himmel, dem immer anderen Wasser und dem Blick nach Baltrum und Norderney, die von Langeoog aus betrachtet am schönsten sind.

MUSEUMSPFERDEBAHN /// NOORDERLOOG 25 /// 26474 SPIEKEROOG ///
01 77 / 5 12 05 19 /// WWW.SPIEKEROOG.DE ///

# BAHN AUF TRAB

*Spiekeroog – Pferdebahn*

16

Es ist die einzige auf einer deutschen Insel. Sie fährt nur zwischen Oster- und Herbstferien. Ein Pferd ist alles, was die Museumspferdebahn als Antrieb braucht. Die Gäste lassen sich gern vom Bahnhof am Westerloog bis zum Westend nach Old Laramie kutschieren – ganz gemächlich. Angekommen im Café Westend treffen sie auf eine bunte Szene und einen Pulk von Kitesurfern. Sie haben dort am Strand ihr Revier.

Kutscher Christian Roll ruft »hü«, und schon zieht das Pferd an. Eines der letzten romantischen Schienenfahrzeuge wird auf Trab gebracht – und verkehrt nach einem verlässlichen Fahrplan. Fast alle ostfriesischen Inseln hatten oder haben eine Bahnverbindung vom Hafen zum Ort. Auf Spiekeroog fuhr die Inselbahn bis 1981. Dann setzte sich ein pensionierter Lehrer dafür ein, auf den Gleisen eine Pferdebahn einzurichten. Im selben Jahr am 30. Mai rollte sie das erste Mal. Bald wurden jedoch die Gleise vom Haltepunkt West durch die Dünen bis zum alten Anleger abgebaut. Der Hafen liegt heute ja dicht am Dorf. Die Stammstrecke aber ist bis jetzt erhalten geblieben, und es ist ein Spaß für Familien, sie rollend zu bewältigen.

Im Westend angekommen lockt ein Spaziergang zum Strand, um den Kitesurfern bei ihren Sprüngen zuzusehen oder einfach am Saum der Nordsee den Wellen nachzublicken. Das Café Westend hat selbst gebackenen Kuchen im Angebot. Vielleicht ist draußen auf dem Ledersofa in der Dünennische noch Platz. Abends ab 21 Uhr wird oft Livemusik gespielt. Die Diskokugel dreht sich. Die vielen tanzenden Füße bringen den Holzfußboden zum Vibrieren. Das Publikum ist jung. Im früheren Flughafengebäude geht dann sozusagen die Post ab. Ansichtskarten lassen sich schon tagsüber kaufen und schreiben – sie berichten über die neuesten Erlebnisse von einer Insel, auf der Pferde im Schritttempo schon als schnell gelten.

Einkehren im Café Westend bringt Freude und vielleicht auch neue Freunde.

ALTE KIRCHE /// SÜDERLOOG /// 26474 SPIEKEROOG /// 0 49 76 / 2 57 ///

## EIN IDYLL UNTERM BLÄTTERDACH

*Spiekeroog – altes Dorf*

17

Die kleine Backsteinkirche von 1696 ist die älteste auf allen ostfriesischen Inseln. Die Pietà innen stammt wahrscheinlich von einem 1588 vor Spiekeroog gestrandeten Schiff der spanischen Armada. Der ehemalige Dorffriedhof mit Linden und Kastanien umgibt die Alte Inselkirche. Außen hängt eine lange Leine – zum Läuten der Glocke. Ringsum sind die alten Friesenhäuser zu bewundern. Ein kleiner Bummel.

Die Alte Inselkirche liegt zwischen den beiden ältesten Straßen Spiekeroogs, dem Noorderloog und dem Süderloog. Folgt der Besucher der zweiten nach Westen, steht er vor dem ältesten ›Schwimmdach‹ der Insel. Das 1705 erbaute ›Alte Inselhaus‹ im Süderloog 4, heute ein antikes Café mit Garten, hatte wie alle Gebäude damals eine Dachkonstruktion, die sich lösen ließ. Bei Sturmflut, wenn alles so weit überschwemmt war, konnten sich die Bewohner aufs Dach retten. Es trieb dann auf dem Wasser davon, als Floß.

Beim Rundgang lassen sich die alten Häuser mit den für die Insel typischen grünen Veranden anschauen. Das alte Dorf mit den oft mehrere Hundert Jahre alten Bäumen ist das Idyll der Insel. Hier entlangzuschlendern, in den Cafés zu sitzen oder in den Läden einzukaufen, das empfinden viele als Urlaubsgenuss pur. Biokäse, Raclette für den Abend oder hauseigener Sekt lassen sich im ›Schröders‹ besorgen (Noorderloog 8). Urlauber und Einheimische mit Handkarren ziehen vorbei. Auch die sind für die autofreie Insel typisch. Selbst Polizist und Pastor ziehen ihre Dienstkarren.

Am Abzweig zum Slurpad steht eine 350 Jahre alte Ulme. Solche alten Bäume sind selten. Zu sehr machen Wind und karger Boden den grünen Schattenspendern das Leben schwer. Spiekeroog hat noch einige stattliche Exemplare im Kurgarten, am Friedhof und östlich des Dorfes. So bietet der Ortskern in fußläufiger Entfernung viel an altem Backstein, grünen Holzbrettern, roten Dächern, weißen Giebellatten und im Wind sich wiegenden Baumkronen.

Spiekerooger Dreiklang – ein spiritueller Weg führt zu den drei Kirchen der Insel.

KURVERWALTUNG SPIEKEROOG /// NOORDERPAD 25 ///
26474 SPIEKEROOG /// 0 49 76 / 9 19 31 01 ///
WWW.SPIEKEROOG.DE ///

# DER GIACOMETTI VON SPIEKEROOG

*Spiekeroog – am Utkieker*

18

Es ist ein unermüdlicher Wächter über die Insel – ›de Utkieker‹. Das heißt ›der Ausgucker‹. Die Bronzeskulptur verkörpert eine Art Sicherheitsbeamten in der Größe eines kleinen Leuchtturms. 3,40 Meter ragt er auf und steht auf einer Anhöhe in den Dünen am Slurpad. Mit den Händen vor der Stirn scheint er die Augen schattig zu halten, um besser sehen zu können. Das können die Gäste von hier auch – ein Ort für ›Seher‹.

Die hagere Bronzeskulptur ist das Werk des Kölner Bildhauers Hannes Helmke. Der 1967 in Heidelberg geborene Künstler schuf ›de Utkieker‹ 2007. Im Juni des Jahres wurde das schwarze Werk aufgestellt. Drei Jahre später ehrte er die Insel mit einem weiteren Ausgucker – ›de Wattkieker‹. Er hat auffallend große Füße und auf einer Dalbe Platz genommen – das ist sonst ein Pfahl im Hafen, an dem Schiffe festmachen. Der kleine Bruder des ›Utkiekers‹ sitzt am Zeltplatz in den Süderdünen. Den Ort liebt Helmke, denn seit mehr als 17 Jahren ist er dort auf dem Zeltplatz regelmäßig zu Gast. Dort kommen ihm die Ideen zu neuen Modellen. Auch ›de Wattkieker‹ ordnet sich in die Reihe dieser langen, dünnen Figuren mit kleinem Kopf und langem Hals ein. Helmke nimmt Ton zur Hand oder gießt sie in Bronze, wie die beiden Skulpturen von Spiekeroog.

Seine Werke erinnern etwas an die des Schweizers Alberto Giacometti (1901–1966). Doch der meist in Paris lebende Bildhauer und Maler schuf einige Jahre lang nur Miniaturen, höchstens sieben Zentimeter groß. Eine umfangreiche Sammlung seiner Werke präsentiert heute das Kunsthaus Zürich sowie das Museum of Modern Art in New York. Zu sehen sind Giacometti und einige seiner Werke auf der Schweizer 100-Franken-Banknote. Die beiden ›Giacometti von Spiekeroog‹ haben es noch auf keinen Geldschein gebracht. Die herausragenden Werke des Kölner Künstlers verleihen jedoch der Insel einen Hauch von Weltläufigkeit. Sie passen sozusagen in die Landschaft. Sie sind zum unverwechselbaren Wahrzeichen Spiekeroogs geworden.

Die Insel als sechs Meter langes Modell – zu sehen im Umweltzentrum Wittbülten an der Hermann-Lietz-Schule.

JUGENDHERBERGE WANGEROOGE /// WESTTURM ///
26486 WANGEROOGE /// 0 44 69 / 4 39 ///
WWW.WANGEROOGE.JUGENDHERBERGEN-NORDWESTEN.DE ///

# EIN TURM ERZÄHLT VOM INSELLEBEN

*Wangerooge – Westturm*

19

Er ist das Wahrzeichen der Insel und im Inselwappen zu sehen. Sein Ursprung geht auf das Jahr 1601 zurück. Er diente den Schiffen als Landmarke, Insulanern als Kirche oder Lager für Strandgut und sogar als Waffendepot. Heute vergibt die Jugendherberge Zimmer im Turm. Das schönste ist ganz oben – mit einem Weitblick, der selten ist auf der Insel.

Wind und Wellen treiben den Sand und damit auch die ostfriesischen Inseln seit Jahrhunderten von West nach Ost. Würde der Mensch die Inseln nicht befestigen, wären sie heute noch auf Wanderschaft Richtung Osten. So war auch auf Wangerooge ein altes Dorf im Nordwesten der Insel nicht mehr zu halten. Fünf Kilometer vom heutigen Westrand des Dorfes fielen die Nikolaikirche und die Häuser ein. Die Wellen zogen die Reste ins Meer. Ein neuer Turm wurde ums Jahr 1600 gebaut – der Vorgänger des heutigen Westturms –, denn die Bremer Handelsschiffe brauchten eine sichere Orientierung, um die Einfahrt in die Weser zu finden. Das Dorf befand sich um den Turm herum, weshalb er auch gleich als Kirche diente.

Doch nagten die Wellen im Westen weiter an Wangerooge. Auch heute werden in jedem Frühjahr Tausende Kubikmeter Sand vom Osten wieder zum Badestrand am Dorf transportiert.

1860 setzte eine heftige Sturmflut dem Westturm heftig zu. Aber es waren die deutschen Soldaten, die ihn 1914 mit einer Sprengung zerstörten. Sie erwarteten einen englischen Angriff und wollten dem Gegner die Orientierung nehmen. Möglicherweise war das nur ein Vorwand, das kostspielige Bauwerk zu beseitigen. Aufgebaut wurde er erst 1933 wieder. Die Jugendherberge zog ein. Seit einigen Jahren hat sie unten herum einen modernen Erweiterungsbau. Doch oben, in 56 Metern Höhe, befindet sich eines der schönsten Zimmer, das Jugendherbergen in Deutschland zu bieten haben – mit grandiosem Weitblick.

Auf dem Weg zum Westturm einkehren im Inselgasthaus Jan Seedorf, Straße zum Westen 72. Vorher Öffnungszeiten erfragen: 04469/387.

CAFÉ PUDDING /// PETERSTRASSE 15 /// 26486 WANGEROOGE ///
0 44 69 / 2 20 /// WWW.CAFE-PUDDING.DE ///

# EINE RUNDE SACHE ZUM SCHIFFEGUCKEN

*Wangerooge – Pudding*

20

Nur die Aussicht lässt sich nicht essen – das Café Pudding liefert ansonsten vom selbst gefertigten Kuchen über Tee bis zu regionaler Küche mit Fisch, Fleisch oder vegetarisch alle Varianten des Genusses. Es ist eine Institution auf der Insel, denn die exponierte Lage war schon immer begehrt.

Wenn es sich die Gäste an den Tischen hinter den hohen Glasscheiben gemütlich machen, spielt das Wetter fast keine Rolle. Der Blick fällt auf den Windmesser, auf die Strandkörbe und den weiten Strand sowie das Meer. Gut erkennbar fahren dort die größten Schiffe der Welt vorbei. Manche davon liegen ›auf Reede‹, weil sie warten müssen. Andere sind voll beladen mit Containern und auf dem Weg nach Hamburg oder bald auch zum neuen Tiefseehafen in Wilhelmshaven, dem Jade-Weser-Port.

»Ich geh' mal um den Pudding«, sagt man in Norddeutschland, wenn jemand zum Luftschnappen um die Häuser geht. Von diesem Begriff soll der Name des Cafés stammen, doch statt der Häuser umrundete man hier die Düne oder setzte sich ab 1930 oben auf eine der Bänke an der gepflasterten Fläche. 1944 grub man in die Düne einen Bunker. Wangerooge wurde zum militärischen Vorposten ausgebaut, um die Einfahrt in den Kriegshafen von Wilhelmshaven zu sichern.

1948 pachteten die Vorfahren der heutigen Besitzer den Bunker und rüsteten ihn auf – mit einer Eismaschine. Ein Kiosk wurde gebaut. Seitdem entwickelte sich der ›Pudding‹ zum beliebten Treffpunkt der Insel, zum begehrten Ziel für Eis- und Kuchenfreunde. 1949 eröffnete der Familienbetrieb dann das Café auf dem ehemaligen Bunker. Aus dem meterdicken Versteck zu Kriegszeiten war ein Aussichtsrondell mit bester Fernsicht geworden. Wo früher angstvoll Menschen kauerten, wird heute fröhlich Süßes verkauft, denn das Kuchenbüfett befindet sich nach wie vor in einem alten Teil des Bunkers.

Wandeln auf dem Seelenpfad – Gedichte, Prosa und Heiteres steht auf Tafeln am Wegesrand.

G 2566
TOURIST-INFORMATION /// STRANDPROMENADE 3 ///
26486 WANGEROOGE /// 0 44 69 / 9 90 /// WWW.WANGEROOGE.DE ///

# SEGEL SETZEN UND HINAUS IN DIE UNENDLICHEN WEITEN

*Wangerooge – Seglerhafen* 21

Nur der Wind allein weiß, wohin er den Segler treibt. Ablegen vom Hafen in Wangerooge und hinaus in die Nordsee fahren, das bedeutet Freiheit. Weil auf dieser Insel der Wind so verlässlich von Westen her bläst, ist sie beliebt bei Seglern und bei Surfern. Die nennen sie sogar ›Hawaii der Nordsee‹. Von der östlichsten ostfriesischen Insel lassen sich viele Touren unternehmen. Große Schiffe rücken in Sichtweite.

Selbst bei Niedrigwasser bleiben im Yachthafen noch 80 Zentimeter Wasser unter dem Kiel. Das reicht zum Ein- und Auslaufen. Am Gästesteg sind fast immer Liegeplätze frei. Am Clubsteg weist ein grünes Schild auf eine freie Box hin. Aufpassen müssen die Segler nur, wenn die Fähre vom Festland im Hafen dreht. Sonst herrscht meist freie Bahn. Der Hafenmeister in seinem Stelzenhaus am Hafen verfolgt die Szenerie genau. Wenn es bei südlichen Winden im Hafen unruhig wird, brauchen Anfänger unter den Seglern vielleicht Hilfe.

Viele nutzen die Insel auch zum Zwischenstopp. So kann man sich am Hafen mit Menschen aus aller Welt unterhalten. Die häufigsten Segler aus dem Ausland, die hier anlegen, kommen aus den Niederlanden, aber es sind auch Dänen oder Norweger, die hier Halt machen. Für viele ist dieser Sport eine Lebensart, eine Variante des modernen Nomadentums. Heute hier, morgen dort, wohin uns der Wind treibt. Das ist beim Segeln noch möglich – ohne Voranmeldung. Nur den Wetterbericht sollte man genau hören. Gerade am Strand Wangerooges sind immer wieder Schiffe gestrandet. Bei größeren ist die Bergung dann meist so teuer, dass sie zersägt und verschrottet werden müssen.

Für den Segler aber erschließt sich von hier ein riesiges Revier. Beliebt sind Abstecher nach Helgoland. Das Leuchtfeuer der 43 Kilometer entfernten Hochseeinsel ist bei gutem Wetter sogar auf Wangerooge zu erkennen. Neuwerk und Cuxhaven liegen nicht fern. Andere segeln bis zu den nordfriesischen Inseln Amrum und Föhr oder nach Sylt.

Im Surf & Internet Café am Surf-Strand gibt es zum Meerblick kühles Bier und Surfen im weltweiten Netz sogar auch im Strandkorb. www.windsurfing-wangerooge.de

# DER KELLNER BEKOMMT DAS LOB, NICHT DER KOCH

*Strandkorbchirurg Wilfried Kummer*

4/11

Der 64-jährige Wangerooger Wilfried Kummer reparierte rund 40 Jahre lang die kaputten Exemplare. Jetzt genießt er seine Rente.

**Frage:** Herr Kummer, wie sehen die typischen Verletzungen eines Strandkorbs aus?

**W. Kummer:** Mit schwarzen Permanent-Stiften verschmierte Seitenteile, verrostete Eisenschrauben und nicht mehr klappende Klapptische.

**Frage:** Oh je, wie gehen Sie da vor?

**W. Kummer:** Ich schaue mir jeden Strandkorb, der in meine Klinik kommt, ganz genau an, wie beim TÜV. Dann gehe ich die Mängel einzeln durch. Ich kann die Rückenwand in zwei Sekunden lösen, aber für die Seitenteile brauche ich sehr viel länger. Die muss ich richtig freilegen. Das kostet Mühe.

**Frage:** Finden Sie bei dieser Arbeit nicht manchmal Spielzeugreste?

**W. Kummer:** Von Drachen über Sandeimer und Schaufeln bis zu Müll oder Münzen ist alles dabei.

**Frage:** Sie finden auch Geld?

**W. Kummer:** Früher mehr, aber seit es den Euro gibt, ist es weniger geworden.

**Frage:** Eheringe?

**W. Kummer:** Ja, hatte ich auch schon.

**Frage:** Wenn Sie hier so über Ihre Hobelbank hinweg in die Wellen schauen, müssten Ihnen doch Urlaubsgefühle kommen. Lenkt Sie das von der Arbeit ab?

**W. Kummer:** Nein, gar nicht. Ich habe den schönsten Arbeitsplatz auf der Insel Wangerooge. Blicke auf Nordsee und Strand. Ich kann Musik hören. Dann rauscht wieder der Akku-Schrauber.

**Frage:** Ist das Ihr wichtigstes Werkzeug?

**W. Kummer:** Ja, ich verbrauche Unmengen von Schrauben.

**Frage:** Das heißt, im Winter ist Hochsaison, im Sommer machen Sie frei.

**W. Kummer:** Nein, nein, da kommen die Notfälle rein. Es geht doch ständig etwas kaputt.

**Frage:** Sind Sie jemals von Gästen für Ihre Arbeit gelobt worden?

**W. Kummer:** Nein, der Kellner bekommt das Lob, nicht der Koch.

# DIE STÄDTE

BAD ZWISCHENAHNER TOURISTIK GMBH /// AUF DEM HOHEN UFER 24 ///
26160 BAD ZWISCHENAHN /// 0 44 03 / 6 11 59 ///
WWW.BAD-ZWISCHENAHN-TOURISTIK.DE ///

# EIN ORT AM SEE ZUM WOHLFÜHLEN

*Bad Zwischenahn*

22

Der Steg führt hinaus ins Meer. So nennen die Ammerländer hier ihren See. Es ist das Zwischenahner Meer, und das ist immerhin 526 Hektar groß. Es wird auch die ›Perle des Ammerlandes‹ genannt. Die 28.000 Einwohner große Stadt ist der Kurort Nummer eins in Niedersachsen. Er bietet besonders Älteren eine Fülle von Möglichkeiten.

Ozonarm, mildes Reizklima und durch den ständig sanft wehenden Wind nahezu pollenfrei – so mögen es die Urlauber. Sie kommen nicht nur im Mai und Juni, wenn die Rhododendren blühen. Dafür ist Bad Zwischenahn bundesweit bekannt. Sie kommen das ganze Jahr über, denn in dem Ort lockt ein breites Kulturprogramm. Bekannte Künstler treten auf, ansprechende Ausstellungen machen von sich reden, und es gibt eine Vielfalt kleiner, feiner Geschäfte. Generationenfreundliches Einkaufen haben die Betriebe auf ihre Fahnen geschrieben.

Der Kurdirektor legt Wert auf Qualität in Angebot und Service, und da sich hier ein Reha-Zentrum befindet, ist man eingerichtet auf Menschen, die nur langsam gehen können. Medical Wellness und ein Wellnessdorf mit Wellenbad und Sauna am See ziehen die Gäste an. Barrierefreiheit ist in Bad Zwischenahn kein Fremdwort. Allerdings gehörte nicht so viel dazu, die Wege flach zu halten – das Land hat keine Steigungen. So lassen sich immer mehr Menschen hier nieder, die ihr Arbeitsleben hinter sich haben. Sie finden einen anregenden, unterhaltsamen Ruhestand, wie sie betonen. Neu ist zum Beispiel eine interaktive Fitnessroute, kostenlos als App herunterzuladen (dieses Programm funktioniert nur beim iPhone).

Zum Wohlfühlen gehört auch das Freilichtmuseum Ammerländer Bauernhaus mit dem Traditionslokal Der Spieker. Da gibt es den typischen Räucheraal. 14 alte Reethäuser und eine Mühle gehören zum Freilichtmuseum und sind frei zugänglich. So lässt sich verstehen, wie die Menschen vor mehr als 100 Jahren hier lebten.

Eine Führung durchs Kayhauser Moor wird mit Herbert Wehmhoff zur fabelhaften Zeitreise 10.000 Jahre zurück.

DAMPFSCHIFF ›PRINZ HEINRICH‹ ///
MUSEUMSHAFEN /// UFERPROMENADE NESSEUFER /// 26789 LEER ///
04 91 / 1 37 96 /// WWW.PRINZ-HEINRICH-1909.DE ///

# WIEDER UNTER DAMPF

*Leer – Dampfschiff ›Prinz Heinrich‹*

23

»Sehr aufwendig war die Restaurierung, ich habe alle Baupläne neu gezeichnet«, erzählt Paul Frank vom Verein ›Traditionsschiff Prinz Heinrich‹ seinen Gästen am Nesseufer in Leer und bietet sofort einen Schiffsrundgang an. Der Post- und Passagierdampfer ›Prinz Heinrich‹ ist 1909 auf der Meyer Werft in Papenburg vom Stapel gelaufen. Bis 1969 war das Dampfschiff im Liniendienst zwischen Emden und Borkum unterwegs. Damals kostete das 41,76 Meter lange Schiff 104.500 Reichsmark. Neben Badegästen hat man damit Post sowie Torf, Kalk und Schafe befördert. Heute kümmern sich 450 Vereinsmitglieder liebevoll um das seit 2013 als Kulturdenkmal eingestufte Schiff.

Vom Maschinenraum, wo nun moderne Ölbrenner Wasser für die Dampfkessel erhitzen und eine niederländische Dampfmaschine von 1920 neu eingebaut wurde, bis zum ehemaligen Laderaum ist alles in Schuss. Historische Bilder schmücken die Wände, darunter auch eins des Namensgebers Prinz Heinrich (1862–1929, Großadmiral und Bruder Kaiser Wilhelms II.) und die Ankündigung einer ›Lustfahrt nach Borkum‹ mit diesem Schiff.

Mit jungenhafter Freude zeigt Frank das neue Ruderhaus mit dem Kompass der berühmten Marke Ludolph und dem Maschinentelegrafen. Über einen Seilzug wurde von hier die Änderung der Geschwindigkeit in den Maschinenraum befohlen und von dort wieder nach oben bestätigt. Viel Unterstützung erhielten die älteren Herren, die sich mit glühendem Eifer in die Restaurierung des Dampfers gestürzt hatten, von der Meyer Werft. »Unser Schiff soll nicht nur hier am Nesseufer in Leer liegen, sondern auch auf Fahrt gehen, dazu ist alles heute Notwendige eingebaut worden«, betont Frank. Der Verein hatte das Schiff 2002 in Rostock vor der Verschrottung gerettet und sogar Teile der Originalausstattung wie die Schiffsglocke zurückkaufen können.

Der ›Leer-Pfad‹ zieht sich durch die Straßen der Stadt und bietet viele Informationen zum Thema Ökologie.

FAMILIE BAUMANN /// WÜSTENEI 15 /// 26789 LEER /// 04 91 / 6 57 93 ///
WWW.MILCHTANKSTELLE-BAUMANN.DE ///

# MEHR MÜNZEN – MEHR MILCH

*Leer – Milchtankstelle*

24

Münze einwerfen, Klappe auf, Flasche rein, Knopf zum Milchzapfen drücken – so einfach geht es an der Milchtankstelle in Ostfriesland zu. Marion und Herbert Baumann betreiben das gute Stück. Am Radweg Moormerland–Leer halten viele an, um sich mit dem weißen Getränk zu erfrischen. Auf etwa 3,5 Grad ist die Milch gekühlt, von Familie Baumann selbst produziert. Ihre 100 Kühe sind vom Frühjahr bis spät in den Herbst rund um die Tankstelle auf den saftigen, grünen Weiden unterwegs. »Wir holen sie abends zum Melken herein«, erzählt Marion Baumann und zeigt stolz die Massagebürsten im Stall. »Die Tiere sollen sich wohlfühlen, gesund und artgerecht leben.« Der Hof legt Wert auf eine Züchtung, die den Kühen ein langes Dasein ermöglicht. »Sie werden bei uns wirklich fachgerecht betreut«, versichert auch Herbert Baumann.

Wieder steht ein Gast an der Zapfstelle. Er kommt fast täglich und holt sich fünf Liter Rohmilch. Er erhitzt sie zu Hause kurz auf 72 Grad – das tötet mögliche Keime, aber der ursprüngliche Geschmack und die Nährstoffe bleiben erhalten. Zu Käse, Sahne und Speiseeis verarbeitet er die Milch dann. »Rohmilch vor dem Verzehr abkochen«, das steht auch auf einem Schild an der Tankstelle, denn diese Angabe ist gesetzlich vorgeschrieben. Vor allem für kleine Kinder sollte man dies beachten, aber Erwachsene trinken die gekühlte Milch auch gleich hier ohne Probleme, wie die Bauern versichern.

Neben der Zapfanlage steht ein Automat, da sind Halbliterflaschen mit Pulver drin. Wer sich ein solches Gefäß zieht und Milch reinlaufen lässt, erhält Bananenmilch oder einen Erdbeershake. Auch Honig und Eier vom Hof sind in dem Automaten vorrätig, der rund um die Uhr zugänglich ist. Das fröhliche Milchzapfen scheint sich weiterzuverbreiten. Nun sind auch in Ihlow, Detern und Westoverledingen Tankstellen für ›kuhle Milch‹ in Betrieb.

Hinter der bemalten Fassade der ›Coloniale‹ mitten in Leer ist eine moderne Teestube mit Laden zu finden.

LEERANER MINIATURLAND /// KONRAD-ZUSE-STRASSE 1 ///
26789 LEER /// 04 91 / 4 54 15 40 ///
WWW.LEERANER-MINIATURLAND.DE ///

# SO KLEIN IST DIE (OSTFRIESISCHE) WELT

*Leer – Miniaturland*

25

Selbst an ein Liebespaar haben die Konstrukteure der zweitgrößten Modelleisenbahnanlage Deutschlands (nach der in Hamburg) gedacht. Es liegt versteckt an einem See. In einer neu errichteten Halle im Stil eines Lokschuppens am Rande von Leer fahren Miniaturzüge nicht nur nach Fahrplan. Denn jeder Besucher kann über rund 100 Druckknöpfe spannende Szenen in Gang setzen. »Wir haben die gesamte Technik selbst entwickelt«, schwärmt Christoph Adams, Mitarbeiter des Miniaturlandes. »Die Lastwagen halten automatisch Abstand, es gibt keine Unfälle mehr auf unseren Straßen«, fügt er hinzu.

Das Praktische für den Besucher: Alle Sehenswürdigkeiten Ostfrieslands gibt es hier auf 600 Quadratmetern Fläche auf einen Blick. Im Maßstab 1:87 sind bekannte Orte wie das Fischerdorf Greetsiel originalgetreu nachgebaut. Doch was ist da passiert? Ein Tanklastzug ist umgekippt. Die Feuerwehr löscht schon – in diesem Fall mit Watte. Mühlenflügel rotieren. Beim Hafenfest in Emden geht es rund. »Wir erweitern ständig«, freut sich Adams und schmunzelt ein wenig. »Die Leeraner Sparkasse stand bei uns schneller als in Wirklichkeit«, erzählt er weiter und gibt dabei viel von der Freude wieder, die er und seine Kollegen am Miniaturland haben.

Jetzt ist es wieder so weit: Die 40-minütige Schiffsüberführung beginnt. Ein Kreuzfahrtschiff verlässt die Meyer Werft in Papenburg und fährt rückwärts – wie in Wirklichkeit – über die hier allerdings nur 22 Meter lange Ems zur Nordsee. Voll beleuchtet zuckelt das stolze Riesenschiff durch die Landschaft, passiert die Friesenbrücke in Weener, die Jann-Berghaus-Brücke in Leer, und dann wird es spannend. Der auf einer Schiene gezogene Miniaturkahn passt gerade so durch die Hauptöffnung des Emssperrwerks. Blitzlichtgewitter – die Gäste halten die packende Szene im Bild fest.

Im Heimatmuseum von Leer ist ein originaler ostfriesischer Wattensegler zu bewundern – ›Tjalk‹ hießen diese Schiffe.

OSTFRIESISCHES TEEMUSEUM /// AM MARKT 36 /// 26506 NORDEN ///
0 49 31 / 1 21 00 /// WWW.TEEMUSEUM.DE ///

# MIT DEM ›ELFÜHRTJE‹ BEGINNT DIE GEMÜTLICHKEIT

*Tee*

Den Löffel in die Tasse legen – das heißt: Ich kann nicht mehr! Tee trinken gehört zu Ostfriesland, doch es gibt Rituale zu beachten. Drei Tassen sind Ostfriesenrecht. Das bedeutet: Einem werden drei Tassen angeboten, dann ist Schluss. Aber weniger zu nehmen, ist unfein. Noch schlimmer ist es, eine Einladung zum Tee ganz abzulehnen. Das verstößt gegen fundamentale Regeln. Und es ist besser, man weiß, ob man umrühren darf oder nicht.

Im Teemuseum von Norden haben schon Gäste gefragt, wo denn die Teefelder zu besichtigen seien. Bei einem Jahresverbrauch von 2,5 Kilogramm pro Ostfriese liegt die Frage vielleicht nahe. Der Bundesdurchschnitt bewegt sich bei 250 Gramm. Anders gerechnet: 290 Liter Tee trinkt jeder Ostfriese im Jahr, das ist das Zwölffache dessen, was die übrigen Bundesbürger schlucken. Nur helfen die Gäste dabei kräftig mit, was in der Statistik noch nicht ausreichend gewürdigt wird. Doch Teefelder gibt es in Ostfriesland nicht.

Der Echte Ostfriesentee besteht aus rund zehn Schwarzteesorten, die vor allem aus Indien (Assam) und Sri Lanka (Ceylon) kommen. Sie müssen hier gemischt worden sein, um das Prädikat ›Echt‹ zu bekommen. Sonst darf sich der Tee nur ›Ostfriesenmischung‹ nennen.

Den Oberen war der Teegenuss der Ostfriesen früher nicht geheuer. Friedrich II. versuchte 1778, den hohen Konsum einzudämmen. Dem Staat werde Schaden zugefügt, hieß es in einem Königlich Preußischen Erlass der Polizeidirektion Aurich. Es flösse Geld ins Ausland ab, um die Importe zu zahlen, und Steuereinnahmen würden verschwendet. Anstelle des ›Krautes aus China‹ sollten Zitronenmelisse und Bier getrunken werden. Die Zutaten seien im eigenen Lande schließlich ausreichend vorhanden.

Auch hier zeigte sich der Freiheitssinn der Ostfriesen. Die Landstände erklärten 1779 in einem Brief: ›Der Gebrauch von Tee und Kaffee ist hierzulande so allgemein und so tief eingewurzelt, dass die Natur des Menschen schon durch eine schöpferische Kraft müsste umgekehrt werden, wenn sie den Getränken auf einmal Gute Nacht sagen sollten.‹ Nach zwei Jahren erlaubte der König von Preußen wieder den Genuss des ›chinesischen Drachengiftes‹.

Drei- bis viermal täglich gibt es Tee. Nach dem Frühstück wird das ›Elführtje‹ um 11 Uhr die erste Teepause. Hauptteezeit ist um 15 Uhr – mit Gebäck oder Rosinenstuten (Semmeln). Viele Familien zelebrieren auch den Abendtee um 21 Uhr. Heute gibt es zwei größere Produzenten, Bünting in Leer und Thiele in Emden. Von welcher Firma gekauft wird, das ist in Ostfriesland eine Glaubensfrage – ähnlich wie evangelisch oder katholisch. Überall gleich läuft das Zeremoniell der Zubereitung ab: Die Teekanne – der Treckpott (Ziehtopf) wird mit kochendem Wasser ausgespült. Dann gibt man pro Person und Tasse einen Teelöffel Tee hinein und ›einen für die Kanne‹. Das kochende Wasser kommt dazu, aber nur so viel, dass die Kanne halbvoll ist oder die Teeblätter gut bedeckt sind. So entfaltet sich das Aroma in den nächsten drei bis fünf Minuten. Inzwischen hat der Tee-Empfänger schon Kluntje (Kandis) in seine Tasse getan. Wenn der Tee in die Tasse läuft, knistert der Kandiszucker. Das ist neben dem Teegeruch schon die zweite sinnliche Wahrnehmung. Der gefüllte Sahnelöffel mit seinem rechtwinklig verlaufenden Stiel wird am Tassenrand entlang geführt und dort vorsichtig geleert. So tauchen langsam die Sahnewolken auf, ›Wulkje‹ genannt. Ganz wichtig: Gegen den Uhrzeigersinn die Sahne in die Tasse träufeln, das hält nach ostfriesischer Vorstellung die Zeit an. So kann die Teestunde tatsächlich zu einer werden. Gemütlichkeit und Plauderei stellen sich ein.

Die Teeserviererin hat schon wieder heißes Wasser in die Teekanne gekippt und so die zweite Runde vorbereitet. Drei sind Ostfriesenrecht, davor darf kein Gast aufhören. Traditionell wartet er brav, bis die Gastgeberin ihm wieder einschenkt. Er nimmt sich den Tee nicht selbst! Verboten ist auch das Umrühren. Beim Trinken kommt also zunächst der herbe Teegeschmack auf die Zunge – etwas Schlürfen ist erlaubt. Danach mildert die Sahne (früher war das der Rahm frisch gemolkener Milch) den Tee. Zum Schluss wird es am schönsten: Der Genuss von Tee, Sahne und Süße zaubert ein Funkeln in die Augen des Ostfriesen und des Gastes sowieso. Umrühren ist also falsch, denn sonst wird die typische Schichtung aufgehoben. Damit würde der Tee zu süß. Früher hatte es einen praktischen Grund, denn der Kluntje war teuer und sollte sich möglichst langsam auflösen, besser noch für mehrere Tassen reichen. Beim Umrühren wäre der weiße Stein schneller verschwunden. Als ideal empfinden es Teezubereiter, wenn der Tee wie Öl ist, der Kluntje wie ein Schleifstein und die Sahne wie eine Wolke.

HAUS SAMSON /// RATHAUSSTRASSE 18 /// 26789 LEER ///
04 91 / 92 52 30 /// WWW.WEIN-WOLFF.DE ///

# SAMSON IST VON UNBEZWINGBARER STÄRKE

*Leer – Haus Samson*

26

Niederländischer Barock – 1570 geschaffen. Das Haus Samson in der Rathausstraße von Leer gehört zu den schönsten in Ostfriesland. Die heutige Fassade stammt von 1643, und innen wird nicht nur an die Geschichte erinnert, da sind auch kistenweise feinste Weine im Angebot.

Es waren Mönche des nahen Klosters Thedinga, die die Sandsteine oben am Giebel mit schwungvollen Ornamenten versahen. Die roten Backsteine wurden mit Muschelkalk verfugt, denn das war der Stoff, den die Nordsee gratis bot. Samson – der Name des Hauses erinnert an einen schon im Alten Testament erwähnten Richter, der als unantastbar galt. Solange sein Haar lang blieb, war er von unbezwingbarer Stärke. Diese sollte auch das Haus schützen. Ein Schild zeigt, wie Samson einen Löwen besiegt.

Erst wurden Tabakwaren, dann Kuchen in dem Gebäude verkauft. 1800 gründete Johannes Gross eine Weinhandlung darin, die bis heute existiert. Sie firmiert unter I. W. Wolff GmbH. Das Haus Samson befindet sich – wie das Privatmuseum zur Wohnkultur in den oberen Stockwerken – im Besitz der ›Hilke und Fritz Wolff Stiftung‹. Sie widmet sich dem Erhalt des einmaligen Gebäudes und der Pflege der Heimatgeschichte.

Wohltätig war schon Claas August Carl Wolff (1829–1909), der nach dem Tod seines Vaters das Weingeschäft übernahm. Er stellte ein Gewächshaus in den Garten und baute für seine Familie frisches Gemüse an. Er war aufgeschlossen und genügsam. Jeden Tag ging er nach Holtland und zurück, oft begleitet von seinem Bernhardiner. Das waren insgesamt rund 25 Kilometer und eine Art Fitnessprogramm.

In den früheren Speicherböden des Hauses sind alte Möbel aus der Region zu sehen. Sie zeigen die hohe Wohn- und Lebenskultur der Ostfriesen und widersprechen eindrucksvoll dem Vorurteil, der Ostfriese hause in irgendwelchen Hütten.

Friesische Spezialitäten probieren – im Restaurant Zur Waage am Museumshafen.

SCHUTZZONE II
(ZWISCHENZONE)
BITTE NICHT BETRETEN!
OSTFRIESLAND TOURISMUS /// LEDASTR 10 /// 26789 LEER ///
04 91 / 91 96 96 60 /// WWW.OSTFRIESLAND.DE ///

# THEMENROUTEN – VIER KLASSIKER ZIEHEN SICH DURCHS LAND

*Auf dem Radweg*

27

Kaum eine Region in Deutschland ist so reich und gut mit Fahrradwegen ausgestattet wie Ostfriesland. 3.500 Kilometer Radwegenetz in flacher Landschaft sind eine ideale Voraussetzung selbst für Gelegenheitsradler. Die meist kleinen, befestigten Wege abseits der Autostraßen erfüllen die Wünsche nach Naturerleben.

Wir fahren durch Ostfriesland, wie wir schreiben: von links nach rechts. Also im Westen starten und ein Ziel im Osten suchen. So lautet die Regel. Die hängt vom Wind ab. Der weht meist aus Nordwest, und mit Rückenwind fährt es sich einfach besser. Neuerdings gibt es ja auch elektrischen Rückenwind. E-Bikes heißen die Fahrräder, bei denen mit jedem Pedaltritt noch etwas Schub aus dem Akku hinzukommt. Diese Zweiräder lassen sich in vielen Orten ausleihen.

Ob mit oder ohne Rückenwind – es sind vier Routen, die sich jeweils mit drei oder vier Übernachtungen bewältigen lassen. Auf Wunsch wird auch das Gepäck transportiert.

Bei ›Wasser und Weite‹ geht es durchs tief gelegene Rheiderland, an Fehnkanälen entlang und durch Leer sowie Wiesmoor. 155 Kilometer Ostfriesland pur erwarten einen. Für ›Gärten und Schlösser‹ sind so hübsche Residenzen wie das Wasserschloss Gödens, Rastede sowie der ›Park der Gärten‹ in Bad Zwischenahn und das ›Blumenreich‹ in Wiesmoor dabei. Es ist die ›Blütenrunde‹. ›Alte und neue Häfen‹ bedeutet 180 Kilometer vom Mittelalter bis in die Zukunft. Es sind romantische Häfen wie Neuharlingersiel dabei sowie der einzige Tiefseewasserhafen Deutschlands, der gerade bei Wilhelmshaven entsteht, der JadeWeserPort.

Aurich, Emden, die Krummhörn mit dem idyllischen Greetsiel sowie die Teemuseen in Norden, die Klosterstätte Ihlow oder das Wasserschloss Dornum vereinigen sich bei ›Seeräuber und Häuptlinge‹ zu einem 165 Kilometer langen Rundkurs. Nordseeküstenradweg oder Tour de Fries liefern auch gute Vorlagen für eine gelungene Radtour.

Sternfahrten von einem Ort aus planen – jede Nacht zurück ins selbe Bett.

SCHLOSS EVENBURG /// ZENTRUM FÜR GARTENKULTUR ///
AM SCHLOSSPARK 25 /// 26789 LEER-LOGA /// 04 91 / 99 75 60 00 ///
WWW.LANDKREIS-LEER.DE/LEBEN-LERNEN/KUNST-KULTUR/
SCHLOSS-EVENBURG ///

# DER DREIKLANG ERFREUT DAS HERZ

*Leer – Schloss Evenburg*

28

Es sind die drei Elemente, die hier ein Gesamtkunstwerk von einmaliger Schönheit auf der ostfriesischen Halbinsel bilden: das Schloss Evenburg, der englische Landschaftspark mit seiner Allee und die Vorburg mit einem Café.

Gelber Sandstein mit Türmchen umgeben von Wasser und dem Grün der Parkbäume – so präsentiert sich die Evenburg heute als Schmuckstück Ostfrieslands. Das Schloss im Leeraner Ortsteil Loga liegt nicht weit vom Flüsschen Leda und wurde zwischen 1642 und 1650 errichtet. Der Kommandant der niederländischen Garnison in Emden ließ es erbauen und benannte es nach seiner Frau Eva. Der Oberst hatte die Lehnsrechte für die Gegend von Graf Ulrich II. von Ostfriesland erhalten, denn der hatte bei ihm beträchtliche Spielschulden.

Über die Tochter des Oberst, die Gustav Wilhelm Freiherr von Wedel heiratete, kam die damals im niederländisch-barocken Klassizismus erbaute Evenburg an die Grafenfamilie Wedel, die das Anwesen über Jahrhunderte im Besitz führte. 1861 erhielt das Gebäude sein neogotisches Gesicht. Nur die Vorburg, die heute die Kreismusikschule sowie ein Café beherbergt, behielt den ursprünglichen Barockstil. 1975 kaufte der Landkreis Leer Schloss Evenburg und die Ländereien. Es begann die Restaurierungsarbeit. Festsaal, Zinnen, Staffelgiebel, Ecktürme, Mittelturm und Fassade erstrahlen bereits in neuem Glanz. Heute zeigt das Zentrum für Gartenkultur eindrucksvolle Ausstellungen zu Parkanlagen in aller Welt. Konzerte und Kostümführungen werden veranstaltet. Jährlich im August läuft das Kleine Fest im großen Park, wofür sich die Besucher schon früh um Tickets bemühen müssen (www.kleines-fest.org).

Jederzeit steht der Schlosspark offen und lädt zum Lustwandeln ein. Teiche, Brücken, Wassergräben, mächtige Bäume und eine lange Allee, die zum Hafen führt, verleihen dem Ensemble einen lieblichen Reiz.

Jährlich im August wird das beliebte Kleine Fest im großen Park gefeiert.

# FAHR MIT GOTT, ABER FAHR!

*Püntenkapitäne Arnold Höger und Oliver Grensemann*

5/11

Die beiden Originale ziehen pro Saison (Mai–September) rund 4.500 Fußgänger, 12.000 Fahrräder, 450 Motorräder sowie 400 Autos auf einer historischen Pünte über die Jümme bei Leer – harte Arbeit.

**Frage:** Haben Sie einen Motor dran an der Fähre, sie steht ja unter Denkmalschutz?
**A. Höger:** Nein, wir sind der Motor (zeigt auf seinen Ko-Kapitän und sich). Wir ziehen uns mit einem Holzgriff, den wir immer wieder neu einhaken, an einem Drahtseil entlang. Das ist über die Jümme gespannt. Dann nutzen wir natürlich auch die Strömung aus. Schwer ist nur der Start. Bis zu drei Autos passen übrigens auf die Pünte.
**Frage:** Was können Gäste denn falsch machen, wenn sie auf die Pünte fahren?
**A. Höger:** Wenn Radfahrer ihre Räder da parken, wo wir am Seil ziehen, ist das ungeschickt. Denn wir brauchen Lauffläche. Ich sage dann einfach: »Gehen Sie bitte in die Mitte oder auf die andere Seite, wo die Rettungsringe sind, sonst kann der Motor nicht starten.«
**Frage:** Fahren Sie denn bei jedem Wetter?
**O. Grensemann:** Klar, aber bei Regen haben wir mehr Autos. Und seit die Ems ausgebaggert wird, ist der Fluss schneller geworden, er hat auch mehr Tidenhub. Der liegt so bei vier Metern. Wenn das Wasser bis da oben steht (zeigt auf die Wurzeln der Bäume), dann ist Schluss mit Fahren. Das hatten wir früher kaum, dieses Jahr schon fünfmal. Eine Pünte hier gibt es schon seit 1562.
**Frage:** Wie lange dauert die Überfahrt und was wünschen sich die Gäste?
**O. Grensemann:** Eine Minute dauert es.
**A. Höger:** Wir bieten eine Außenkabine (lacht), und ich sage öfter: »In der Mitte der Jümme, da können Sie unter Deck zollfrei einkaufen.« Außerdem haben wir die schönsten Fahrscheine Deutschlands (zeigt ein paar).
**Frage:** Brauchen Sie Fremdsprachen bei den Gästen?
**A. Höger:** Jo, Platt spreche ich viel hier.
**Frage:** Sagen Sie als Kapitäne denn auch »Ahoi!«?
**A. Höger:** Nö, ich sage lieber »Fahr mit Gott, aber fahr!«.

**DAT OTTO HUUS /// GROSSE STRASSE 1 /// 26721 EMDEN ///**
**0 49 21 / 2 21 21 /// WWW.OTTO-WAALKES.COM ///**

# EMDEN KÖNNTE AUCH RÜSSELSHEIM HEISSEN – DANK OTTO

*Emden – Otto und der Hafen*

29

Es waren einmal zwei Ottifanten, die hatten sich so lieb. Sie standen in Transvaal und keiner holte sie ab. Da stehen sie noch heute, denn in dem Stadtteil Emdens ist der Komiker Otto Waalkes groß geworden. Er stiftete die beiden Skulpturen.

Otto, der Außerfriesische, wird in seiner Heimatstadt geliebt. ›Dat Otto Huus‹ am Ratsdelft ist eine der wichtigsten Ziele für Touristen. Oft sind sie aber enttäuscht, weil es voller Requisiten aus den Otto-Filmen steht und ohnehin wenig Platz bietet. Doch Otto besucht regelmäßig das kleine Museum und ›seine‹ Stadt, in der er 1948 geboren wurde. Ihn zieht es oft in ein Hotel, das eine Suite mit Ottifanten verschönert hat, sogar die Dusche. Emden, das ist der Ursprung seiner Karriere. Mit elf Jahren sang der junge Waalkes erstmals öffentlich in einem Emder Kaufhaus. Komiker zu sein, schien ihm auf den Leib geschnitten. Die Emder erlebten ihn schon immer so, wie er sich in seinen Filmen und Auftritten gibt: quirlig, witzig und schlagfertig.

Emden ist ebenfalls kurios. Weil der um 800 gegründete Ort im flachen Marschland liegt, schaufelten die Bewohner bald eine etwa sieben Meter hohe Warft auf und bauten die Häuser darauf. Höchste Erhebung ist die 15 Meter hohe Mülldeponie, die seit 2006 zu einem Landschaftspark umgestaltet wurde. Emden hat den westlichsten Seehafen Deutschlands. Auf ihn sind die Emder besonders stolz, denn es wird da nicht nur das Hafenfest mit viel Matjes gefeiert, es ist ihr Lebensnerv. Dort legen große Überseeschiffe an. Es werden Autos aus dem VW-Werk der Stadt verladen. Das ist immer noch der größte industrielle Arbeitgeber Ostfrieslands. Windkraftanlagen erblicken das Licht der Energiewelt und werden dort verschifft. Die Fähre nach Borkum legt ab. Otto, Emden und der Hafen – das ist schon wegen der Ottifanten eine Art Rüsselsheim in Ostfriesland.

Zu empfehlen ist eine Hafenrundfahrt vom Ratsdelft aus – die Erklärungen sind wunderbar. www.ag-ems.de

OSTFRIESISCHES LANDESMUSEUM EMDEN ///
RATHAUS AM DELFT /// BRÜCKSTRASSE 1 /// 26725 EMDEN ///
0 49 21 /87 20 58 /// WWW.LANDESMUSEUM-EMDEN.DE ///

## MOORLEICHE IN DER RÖHRE – WAR ES MORD?

*Emden – Ostfriesisches Landesmuseum*

30

Die Sitten und Gebräuche, die Eigenarten und Kuriositäten quer über die ostfriesische Halbinsel und auf den vorgelagerten Inseln lassen sich an diesem Ort verstehen. Das gut aufbereitete Material aus vielen Jahrhunderten trägt dazu bei. Hier lässt sich der Schlüssel zum Verständnis der friesischen Freiheit finden.

Wer Ostfriesland verstehen möchte, sollte sich hier umschauen. Hilfreich ist dazu schon ein 38 Meter langes Landschaftsmodell, das die Besiedlung der ostfriesischen Küste und deren Schutz in Miniaturen nachstellt. Rund 280 historische Motive fügen sich wie Puzzleteile zu einem Gesamtbild der Halbinsel vom Dollart bis zum Jadebusen zusammen. Nehmen Sie ruhig die Bildkarten von der Wand und lesen Sie, was dort hinten draufsteht. Reizvoll sind auch die Kurzfilme. Sie zeigen Episoden aus dem Landleben, von Warften und Werften. Sehenswert sind auch rund 400 Jahre alte Waffen und Rüstungen.

Als besondere Attraktion des Museums gilt die Leiche eines etwa 30-jährigen Mannes, der rund 1.200 Jahre im Moor lag. Sein Skelett entdeckten Arbeiter 1907. Neulich wurde Bernie durch die Röhre geschoben, einen Computertomographen. Ein dreidimensionales Bild entsteht aus den vielen Aufnahmen. Auch soll sein Gesicht rekonstruiert werden. Vielleicht wird eines Tages auch die genaue Todesursache ermittelt, denn Bernies linke Schädelhälfte ist zertrümmert. War es Mord?

Von Recht und Freiheit, den Häuptlingen und der Eigenwilligkeit dieses Völkchens ist viel die Rede. Die sieben Seelande einigten sich auf eine gemeinsame Sprache und einheitliches Recht, später auf eine Deichlinie, die alle vor den Sturmfluten schützen sollte. Früh ersannen sie auch die Sieltore, denn das Wasser aus den Gräben des Landes musste ungehindert abfließen können. Wenn aber der Sturm die Flutwellen hochpeitschte, schlossen sich die Tore wie ein Rückschlagventil. Wie findig und wehrhaft die Friesen doch sind!

Die Museumsschiffe, die im Ratsdelft dümpeln, lassen sich besuchen. Auf einem gibt es sogar ein Lokal.

KUNSTHALLE EMDEN /// HINTER DEM RAHMEN 13 /// 26721 EMDEN ///
0 49 21 / 97 50 50 /// WWW.KUNSTHALLE-EMDEN.DE ///

# KINDER FRÜH MIT KUNST BERÜHREN

*Emden – Kunsthalle*

31

Eine ›lebendige Begegnungsstätte zwischen Bürgern und Bildern‹ zu schaffen, das war das Ziel Henri Nannens. Der Gründer der Kunsthalle Emden, einst Chefredakteur des ›Stern‹, hat das in seiner Heimatstadt geschafft, wie die Besucher täglich erleben können. Die Ausstellungen haben internationales Niveau.

Wer durch die hohen Räume schlendert, findet fast immer neue Eindrücke. Hier hängen Bilder der Künstlervereinigung ›Der Blaue Reiter‹, Musterbeispiele des deutschen Expressionismus. Henri Nannen hat seiner Sammlung der Kunst vom Beginn des 20. Jahrhunderts bis heute einen passenden Rahmen verliehen. Das Gebäude, von Nannen und von ihm geworbenen Förderern privat finanziert, ist imposant und wurde seit dem ersten Bau 1986 ständig weiterentwickelt. Die wertvolle Schenkung des Münchener Galeristen Otto van de Loo gab im Jahr 2000 den Anstoß zu einer umfangreichen Erweiterung. Attraktiv ist auch die angeschlossene Malschule, in der Kinder und Erwachsene fröhlich gemeinsam neue Kunstwerke schaffen. Es ist bundesweit das einzige Kunsthaus, das von Anfang an als Museum mit Malschule konzipiert und gebaut wurde. »Kinder, die früh mit Kunst in Berührung kommen, gehen gestärkt durchs Leben«, sagt Eske Nannen, die die Kunsthalle als Geschäftsführerin leitet. Ihr Mann Henri war 1996 mit 82 Jahren gestorben.

Die bislang mehr als 150 Ausstellungen haben mehr als 2,5 Millionen Besucher angezogen. 2011 gab es ein großes Jubiläumsprogramm, denn das Haus bestand 25 Jahre. Von Franz Radziwill (1895–1983), der in Dangast am Jadebusen malte, wurden 111 Meisterwerke gezeigt. Mit der weltweit ersten Ausstellung herausragender ›storyboards‹ und der in diesen Drehbüchern verankerten Bildsprache von Alfred Hitchcock bis Steven Spielberg machte die Kunsthalle auf sich aufmerksam.

Erst ins Café Henri's am Museum, dann im Grachtenboot durch Emden.

LUDGERIKIRCHE /// AM MARKT 66 /// 26506 NORDEN ///
0 49 31 / 1 32 77 /// WWW.NORDEN-LUDGERI.DE ///

# 3.110 PFEIFEN ERTÖNEN IN EINER SYMPHONIE AUS BACKSTEIN

*Norden – Ludgerikirche*

32

Sie hat eine Orgel von Arp Schnitger aus Hamburg. Das allein hebt die Kirche schon hervor. Sie ist dem 809 gestorbenen Friesenmissionar und ersten Bischof von Münster geweiht, dem heiligen Liudger. Das macht sie zu einem ganz besonderen Ort für Ostfriesen. Wer hineingeht, erlebt zudem das großartige Hallengefühl – wunderbar.

Der Glockenturm steht ein paar Meter entfernt von der Kirche. Das war schon immer so üblich im Marschland, denn der Boden gab oft nach. In Norden führt heute sogar eine Straße zwischen Turm und Kirche hindurch.

Innen ist der Sakralbau aus dem frühen 13. Jahrhundert reich ausgestattet. Der 1455 fertiggestellte gotische Hochchor zieht die Blicke weit nach oben, so hoch ist er. Die barocke Kanzel und der Schriftaltar sind genauso wertvoll wie das Gestühl. Es ist Jahrhunderte alt, ebenso das Taufbecken und das Epitaph, das an Unico Manninga erinnert, einen der ostfriesischen Häuptlinge.

Von weltweitem Rang aber ist die Orgel Arp Schnitgers. Der berühmteste Orgelbauer des 17. Jahrhunderts hinterließ in Nordeuropa mehr als 100 seiner Kircheninstrumente. Von Juni bis September erklingt die Orgel in der Ludgerikirche bei freiem Eintritt immer mittwochs um 20 Uhr. Es ist ein besonderes Erlebnis, dann dort zu sein, sich still auf die alten Holzbänke zu setzen und zu lauschen. 46 Register, 77 Pfeifenreihen mit 3.110 Pfeifen und drei Manuale geben der 1985 restaurierten Orgel Format. Auch mit ›Orgelmusik zur Marktzeit‹ und den jährlichen Sommer-Orgelkonzertreihen werden viele Gäste erfreut. Durch Oratorien und Kantatengottesdienste hat sich die Ludgerikantorei weithin einen Namen gemacht. Die ›Ludgeri Gospel Singers‹ reißen alle Zuhörer genauso mit wie die Band ›Invocavit‹. 160 Menschen aus Norden und Umgebung im Alter von vier bis 80 Jahren singen oder machen Musik in der Kirche – was für ein Angebot!

Das neu gestaltete Ostfriesische Teemuseum liefert tiefe Einblicke in diesen Teil der Heimat- und Weltkultur.

TOURIST-INFORMATION NORDEN-NORDDEICH /// DÖRPER WEG 22 ///
26506 NORDEN-NORDDEICH /// 0 49 31 / 98 62 00 ///
WWW.NORDDEICH.DE ///

# REIN UND RAUS – BEOBACHTUNGEN AM SCHARNIER ZU ZWEI INSELN

33

*Norden – Norddeich-Mole*

Dieser Bahnhof und der Hafen sind das Scharnier Ostfrieslands. Hier kommen viele Gäste mit der Bahn an und steigen auf die Fähre um. Die eine bringt sie nach Norderney (mehrmals täglich), die andere nach Juist. Das klappt nicht so oft, weil die Rinne nur bei Flut genug Wasser für die Schiffe führt. Sich in Norddeich aufzuhalten, hat einen besonderen Reiz. Viele verbringen hier ihren ganzen Urlaub.

›Norddeich-Mole‹ steht auf dem Fahrplan, den ein Bahnmitarbeiter für den anreisenden Gast ausgedruckt hat. Es ist die Endstation. Von hier sind es nur ein paar Schritte zu den Fähren. Rechts geht es nach Norderney, links nach Juist. Menschenmassen mit und ohne Koffer drängen sich. Es ist ein Durchlauferhitzer, dieser Umschlagplatz für Feriensehnsüchtige. Einige drängen aufs Schiff, um bald ihr begehrtes Ziel zu erreichen. Andere schleppen sich von Bord, ihrem Alltag entgegen. Hier lassen sich Gesichter lesen. Sie sprechen oft Bände.

Oben bringen Flugzeuge eilige Gäste zu den Inseln – meist nach Juist, denn die Fähre verkehrt nur selten. Sie braucht die Flut, um den Hafen der Insel erreichen zu können. Norddeich selbst bietet Urlaubern viel – einen Strand, das größte Erlebnisbad der ostfriesischen Küste (Ocean Wave) und einen Minigolfplatz nebenan, der selbst im Winter offen ist. Für spielende Kinder ist allenthalben gesorgt. So verbringen viele Familien ihre Ferien hier auf dem Festland. Das ist günstiger als auf den Inseln und kann ganz unterhaltsam sein. Dafür gibt es auch die Seehundstation. Innen und außen sind nicht nur die schwimmenden Robben zu bewundern, man kann vor einer Kamera sogar selbst das Robben üben. Das sieht komisch aus und belustigt mindestens die eigene Familie.

Norddeich-Mole ist der Ort mit besonderem Flair für alle, die den Übergang vom Land zum Meer lieben. Den Menschen zuschauen, am Scharnier zu den Inseln, das ist es.

☞ Zum Drachen- und Windspielfestival im Juni treffen sich Drachenflieger aus ganz Europa.

Faſt endlos ſcheinet der Pfad hier.
So ſcheinet das Leben dem Jüngling
Und ach wie täuſchen ſich Beide.
SCHLOSSPARK LÜTETSBURG /// LANDSTRASSE 55 ///
26524 LÜTETSBURG /// 0 49 31 / 42 54 ///
WWW.SCHLOSSPARK-LUETETSBURG.DE ///

# IM PARK DER SPRECHENDEN BÄNKE

*Lütetsburg*

34

Nur ein wenig östlich von Norden ist eine wohlkultivierte Rarität zu durchschreiten – der Schlosspark Lütetsburg. Mitten im Marschland wirkt das 30 Hektar große Idyll mit 150 verschiedenen Baum- und Straucharten aus aller Welt wie eine Oase. Es ist der größte private Englische Landschaftsgarten Norddeutschlands. Graf Knyphausen, der Besitzer, wohnt mit seiner Familie nebenan im Wasserschloss und öffnet die Tore des Parks gern für jeden, der zwei Euro ins Drehkreuz wirft.

›Ein uraltes Schloss am Meeresstrand; ein herrlicher Park im baumlosen Land‹, textete schon 1882 Theodor Fontane, als er hier wanderte. Er war nicht der einzige, der die verschlungenen Pfade, die verblüffenden Sichtachsen und das Blütenmeer aus Rhododendren und Azaleen lieben lernte. Wilhelm Busch setze sich auf eine der schwarzen Bänke am Westrand, ließ die Luft unter seinen Hut strömen und genoss die ›große Aussicht‹, wie diese Parkstelle immer noch heißt. Heute schließt sich dort ein Golfplatz an.

Die Bänke aber sind es, die den Park nochmals abheben von vielen dieser Art, die es weiter südöstlich im Ammerland gibt. Hier sprechen die Bänke gewissermaßen Bände, denn es sind Lebensweisheiten darauf in goldener Schrift verewigt. ›Fast endlos scheint der Pfad hier‹, heißt es auf einer Rückenlehne, ›so scheinet das Leben dem Jüngling. Und ach wie täuschen sich Beide.‹

Es war Freiherr Edzard Mauritz zu Inn- und Knyphausen, der diese und weitere Inschriften ersann oder aus zeitgenössischer Poesie entlehnte. Der Parkgründer hatte das Gut 1789 geerbt. Bis zu seinem Tod 1824 schuf er die Gartenanlage und legte im Familienbuch minutiös Rechenschaft darüber ab. Doch es ist die Verbindung vom Erleben einer ästhetischen Natur und anregenden Gedanken über das Leben, die bis heute die Besucher berührt. 40.000 durchschreiten den Park jedes Jahr. Sie sehen, was 40 Jahre lang Gärtner Folkert Fischer hegte wie sein Eigen. »Ich kenne hier jedes Blatt«, sagt er und lächelt demütig.

Tee und Kuchen unter Weinreben genießen mit Blick in den Park – im Schlossparkcafé Lütetsburg.

MEHR ALS NATUR
SCHLOSSPARK LÜTETSBURG – MEHR ALS NATUR

## EINE UNNACHAHMLICHE LEBENSQUALITÄT

*Schlossbesitzer Tido Graf zu Inn- und Knyphausen*



Mit seinen 44 Jahren bringt Tido Graf zu Inn- und Knyphausen, Nachkomme eines der ältesten ostfriesischen Adelsgeschlechter, Schwung in die Landschaft. Er hat einen Golfplatz angelegt, den 30 Hektar großen Schlosspark Lütetsburg bei Norden aus seinem Dornröschenschlaf geweckt und für alle zugänglich gemacht und engagiert sich darüber hinaus in der Region.

**Frage:** Graf Knyphausen, Sie machen einen fröhlichen Eindruck, was treibt Sie gerade um?

**Zu Knyphausen:** Meine Arbeit und mein Leben mit der Familie hier vor Ort machen mir einfach eine Menge Spaß. Darüber hinaus bietet unser Betrieb zum Glück eine Menge unterschiedlicher Betätigungsfelder, sodass nie Langeweile aufkommt. Die nötige Unterstützung und den Antrieb geben mir dabei sicherlich auch meine Frau und die mittlerweile vier Kinder. Man weiß, wofür man arbeitet, und das ist ein gutes Gefühl.

**Frage:** Wie lebt es sich in Lütetsburg?

**Zu Knyphausen:** Es ist einfach ein Traum, innerhalb dieser Parkkulisse leben zu können. Früher dachte ich immer – Hamburg, Berlin, wo meine Freunde wohnen, da geht die Post ab, da muss ich sein. Heute ist es eher anders herum, denn diese Ruhe und einmalige Landschaft Ostfrieslands bieten eine unnachahmliche Lebensqualität. Wir leben eben dort, wo andere Urlaub machen, das sagt doch eigentlich alles.

**Frage:** Sie wohnen mit Ihrer Familie nebenan im Wasserschloss. Lust oder Last?

**Zu Knyphausen:** Die meisten Menschen begehen den Fehler zu sagen, wer ein großes Haus hat, hat auch ein großes Portemonnaie. Das stimmt leider nicht, denn allein schon der Unterhalt des Hauses und des Parks kosten Unsummen.

**Frage:** Sie stammen von einem der Häuptlingsgeschlechter Ostfrieslands ab, sind also gestandener Ostfriese. Sprechen Sie Platt?

**Zu Knyphausen:** Nein, leider kann ich kein Plattdeutsch sprechen, zum Glück aber alles verstehen. Als ich klein war, war es nicht ›angesagt‹, heute ist das anders, und ich bin froh, dass diese Sprache wieder auflebt. Unsere Kinder sollen es einmal können!

TOURISMUS GMBH DORNUM /// HAFENSTRASSE 3 ///
26553 DORNUMERSIEL /// 0 49 33 / 9 11 10 /// WWW.DORNUM.DE ///

# HIER STEHT DIE GANZE ›HERRLICHKEIT‹

*Dornum*

35

Die Norderburg mit ihren Löwen gilt weithin als augenfälliges Signal an Außerfriesische: Seht, sogar wir kurz vor dem Watt können Schlösser und Burgen bauen. Rund 25 dieser Herrschaftssitze mit roten Backsteinmauern oder Wassergräben hat die ostfriesische Halbinsel zu bieten. Dornum hat gleich zwei – neben der Norder- gibt es noch die Osterburg.

Die Freiherren von Closter waren die letzten Häuptlinge, die Dornum als ›Herrlichkeit‹ führten. So wird in Ostfriesland die Herrschaft eines Adligen über sein Land genannt. Von 1556 bis ins 18. Jahrhundert regierten sie vom Wasserschloss aus. Ein Löwe am Eingang zur Norderburg hält das Wappen derer von Closter in seinen Klauen und symbolisiert die Macht und Uneinnehmbarkeit. Dabei standen ursprünglich drei Burgen in Dornum, die alle bei Kriegszügen 1514 zerstört wurden. Diese hier, die Norderburg, wurde 1534 wieder aufgebaut. Der letzte Erbherr, Haro Joachim von Closter, wird unter dem Wappen am Eingang erwähnt. Er baute das Haus 1698 bis 1707 zum prächtigen Barockschloss mit Vierflügelanlage, Vorburg und Park aus. Ein breiter Dreiecksgiebel mit dem Relief der Pallas Athene krönt das Hauptportal. Der zweigeschossige Rittersaal mit seiner Galerie glänzt durch eine Deckenmalerei mit mythologischen Motiven.

Der Gast muss allerdings die Konzerttermine abwarten, bis er den Saal zu sehen bekommt. Führungen in den Ferien werden angeboten. Das Schloss beherbergt eine Realschule, und die Schüler brauchen selbstverständlich ihre Ruhe.

Doch hat Dornum noch die Osterburg (Beningaburg) zu bieten, in der sich sogar übernachten lässt. Im Innenhof bietet das hauseigene Restaurant Speisen an. Ahnensaal und Kellerbar runden das Angebot ab. Wer sich auf eine Schlössertour begeben möchte, findet beim Ostfriesland Tourismus Anregung im Heft ›Willkommen in Ost-Frieslands Herrlichkeiten‹.

Mit 300 Darstellern ist das Ritterfest von Dornum jedes Jahr im August das größte Mittelalter-Spektakel an der Nordsee.

kitecity-TEAM

# WINDSURFEN GEHT IMMER

*Kitesurf-Lehrer Fabian Bertschat*

7/11

›Fabbel‹ hat seine eigene Kitesurf- und Windsurf-Schule ›Windloop‹. Meist ist er am Standort Neuharlingersiel anzutreffen und steht oft mächtig im Wind. Aber was macht er bei Flaute?

**Frage:** Moin, Fabbel, wie ist der Wind, geht's gleich los?
**F. Bertschat:** Nee, wir haben Windstärke eins bis zwei, Kitesurfen geht erst ab vier.
**Frage:** Also Zeit zum Träumen?
**F. Bertschat:** Quatsch, hier geht's rund. Wir haben eine Schule für Windsurfen. Das geht immer. Außerdem verlangt auch unsere Strandbar viel Aufmerksamkeit.
**Frage:** Wie kamst du denn zum Kitesurfen?
**F. Bertschat:** Das war 1999 in Spanien. Ich wollte eigentlich drachenfliegen und windsurfen, aber da kam gerade das Kitesurfen auf. Ich habe mir selbst ein Board gebaut und eine Matte als Segel genommen. So, und nach 14 Tagen konnte ich es, ich habe es mir selbst beigebracht. 2010 habe ich dann ›Windloop‹ gegründet, das es jetzt an mehreren Orten gibt.
**Frage:** Wenn ich das lerne, nach wie vielen Tagen beginnt der Spaß?
**F. Bertschat:** Nach drei bis vier Tagen bei uns, denn niemand sollte einfach so drauflosfahren. Das ist gefährlich wie Fallschirmspringen, man braucht Anleitung. Erst lernst du am Strand, den Drachen im Wind zu beherrschen. Dann kommt das Brett dazu. Wenn du beides zusammenbringst und sicher stehst, dann geht die Erfolgskurve ziemlich steil nach oben. Aber wie schnell du auch bist, du bleibst mit uns verbunden – wir haben Funkhelme!
**Frage:** Saltos im Wind?
**F. Bertschat:** Klaro, das dauert dann noch ein paar Tage, bis du das kannst. Ich mache die super gern, das ist purer Spaß.
**Frage:** Hast du einen Ausgleich zum Kitesurfen?
**F. Bertschat:** Golf und Angeln.
**Frage:** Angeln, wirklich was ganz Ruhiges – und einen Tipp für Kitesurfer?
**F. Bertschat:** Beton in Lee tut weh! Das sage ich meinen Schülern oft: Wenn du den Wind im Rücken hast, und du blickst auf die harte Ufermauer, musst du sofort Abstand nehmen.

NEU 144
NEU 228 N
KURVEREIN NEUHARLINGERSIEL /// EDO-EDZARDS-STRASSE 1 ///
26427 NORDSEEHEILBAD NEUHARLINGERSIEL /// 0 49 74 / 18 80 ///
WWW.NEUHARLINGERSIEL.DE ///

# EINTAUCHEN IN EIN ROMANTISCHES HAFENGEMÄLDE

*Neuharlingersiel*

36

Hier legt die Fähre nach Spiekeroog ab. Aber das ist nicht der Grund, warum der Hafen so ein besonderer Platz ist. Er gehört zu den ältesten Fischerorten an der ostfriesischen Küste und wurde 1693 erstmals erwähnt. Vor allem ist es die Schönheit der Hafenfront mit den Krabbenkuttern, die die Gäste in ihren Bann zieht.

Das Hafenidyll mit den Schiffen und Netzen gehört für die meisten Ostfrieslandurlauber zum Besuchsprogramm. Hier zu flanieren und dem Treiben der Fischer zuzusehen, dem Flug gieriger Möwen oder den Eis schleckenden Touristen, das hat einen Wert an sich. Es ist, als ginge man durch ein romantisches Gemälde und würde selbst Teil der Kulisse. Fernsehsender suchen sich regelmäßig diesen Hafen mit seinen Cafés und Kneipen für Vorabendserien aus.

Dazu passt auch das Buddelschiffmuseum. Es zeigt von römischen und ägyptischen Booten bis zu Viermastern, Koggen und U-Booten alle möglichen Schiffsvarianten in Flaschen. Die größten Kähne füllen eine 60-Liter-Buddel. Ein Kaleidoskop der Seefahrt ist zu bewundern.

Berühmt sind zwei Seeleute, die Tag und Nacht am Hafen stehen: Jung- und Altfischer. Die Skulpturen hat Hans-Christian Petersen im Jahr 2000 geschaffen. Der alte Mann lehnt sich auf einen Weidenkorb und schaut aufs Meer hinaus, der junge zum Land. Mit diesem ansprechenden Kunstwerk haben sich schon Zehntausende Besucher in allen nur erdenklichen Posen fotografieren lassen. Es ist fester Bestandteil eines Hafenbesuchs.

Von hier sind es nur ein paar Schritte zum Sielhof. Der um 1900 im Barockstil umgebaute Herrensitz hat ein Café mit gläsernem Pavillon und eine Terrasse zu bieten. Über eine Brücke aus Walknochen gelangt der Besucher in den Park. Der Kurverein Neuharlingersiel, seit 1989 Besitzer des Anwesens, veranstaltet hier auch Konzerte.

Kutterfahrt und Schaufischen – von April bis Oktober fast täglich vom Hafen aus.

TOURIST-INFORMATION (IN DER CLINER QUELLE) /// NORDSEESTRASSE 1 ///
26409 NORDSEEBAD CAROLINENSIEL-HARLESIEL ///
0 44 64 / 9 49 30 /// WWW.CAROLINENSIEL.DE ///

# VOM RADDAMPFER AUS BIETET SICH DER BESTE ÜBERBLICK

*Carolinensiel-Harlesiel*

37

Der Raddampfer Concordia II ist ein Nachbau seines Originals von 1854. Besucher können heute mit ihm vom Yachthafen in Harlesiel durch die Friedrichsschleuse vorbei am neuen Kurzentrum Cliner Quelle bis in den Museumshafen Carolinensiel fahren – und wieder zurück. Was für ein Erlebnis!

Im Kurgarten Carolinensiels sprudelt reinstes Quellwasser. Im Kurzentrum wird es für viele Anwendungen genutzt. Die Cliner Quelle schmückt das Nordseebad und bietet Urlaub für alle Sinne. Sogar Joseph Jackson, Vater des verstorbenen Stars Michael Jackson, jettet einmal im Jahr hierher, um sich verwöhnen zu lassen. In Harlesiel gibt es sogar einen Strand, sodass das Urlaubsgefühl auch in dieser Hinsicht abgerundet wird. Robbe Carolinchen, das Maskottchen des Nordseebades, lächelt fröhlich.

Das taten früher die Kapitäne des Ortes. Sie freuten sich über einen blühenden Handel. Vom Hafen Carolinensiels aus (bis hier reichte damals die Nordsee) fuhren die Windjammer und Frachtensegler Mitte des 19. Jahrhunderts in alle Welt. Die Speicherhäuser sind teilweise noch erhalten am Alten Hafen. Da liegen auch 100 Jahre alte Plattboden-Segler. Auf ihnen wurden die Waren durch die Kanäle im Lande und entlang der Küste verteilt. Das alles lässt sich im Sielhafenmuseum noch viel genauer nachempfinden.

Für das Seegefühl eignet sich jedoch die halbstündige Fahrt mit dem Raddampfer Concordia II besser. Einsteigen entweder im Alten Hafen oder unterwegs auf der Tour des Schiffes mit dem roten Wasserrad Richtung Yachthafen Harlesiel. Die Glocke ertönt. Die Letzten steigen ein, und schon legt der Kapitän mit seinem stolzen Schiff ab. Von den Cafés und Teestuben entlang der Harle winken die Gäste fröhlich. Vorn am Schiff weht die ostfriesische Flagge – schwarz, rot, blau in waagerechten Streifen.

Im Kurzentrum Cliner Quelle gibt es ein Wunderelixier – Baden in Stutenmilch. Das glättet die raue Haut.

TOURIST-INFORMATION (IN DER CLINER QUELLE) /// NORDSEESTRASSE 1 ///
26409 NORDSEEBAD CAROLINENSIEL-HARLESIEL ///
0 44 64 / 9 49 30 /// WWW.CAROLINENSIEL.DE ///

# KRABBEN ODER MATJES? IM BRÖTCHEN HAT ALLES PLATZ

*Im Fischladen*

38

Sie heißen ›Smutje‹, ›Fisch und mehr‹ oder ›Zur lustigen Scholle‹ – es geht um den Verkauf von dem, was die Krabbenkutter jeden Morgen aus der Nordsee mitbringen. Frischer Fisch gehörte zu Ostfriesland schon lange, bevor es die Landesbezeichnung gab. Für den Neuling empfiehlt sich zunächst der Besuch eines Fischladens. Da gibt es Krabben (gepult) und Matjes (mit Zwiebeln).

Die Bedienung am Fischtresen ist heute wieder so herzhaft frisch wie das, was vor ihr liegt. Nach einem kurzen ›moin‹ sprudelt aus ihr die Frage: »Krabbenbrötchen oder Matjes?« Wenn der Gast nun lange zögert, nachfragt oder sich mit der anschließenden Frage nach der Soße zu intensiv beschäftigen möchte, dann kann auch schon mal ein Kraftausdruck über die Theke fliegen. Nun ist das zwar für den Fremden in der Regel unverständlich, weshalb eine Beleidigung – und sei sie noch so liebenswert – im Verkaufsgeschehen nahezu untergeht. Die Verkäuferin braucht jedoch das Gefühl, Herrin über Fisch, Krabben, Brötchen, Soßen und – den Gast zu sein. Sonst fühlt sie sich ›schetterig‹. Der Ausdruck steht für blass, körperlich unwohl oder gar elend. Sie hat dann einfach nicht die Hosen an.

Doch die Krabben sind allererster Qualität. Sie zu probieren, das gehört zum Ostfrieslandgefühl auf jeden Fall dazu. Sie haben keinen ganz ausgeprägten Geschmack, geben einem im Mund aber eine Ahnung von Nordsee. Da das Pulen, also das Entfernen des dünnen Panzers des kleinen Tieres, zeitraubend ist, wurden die Nordseekrabben nach Polen oder gar Marokko transportiert, weil da die Stundenlöhne so niedrig sind. Seit es die Pulmaschinen gibt, bleiben wieder mehr Krabben im Lande.

Matjes sollte auch jeder probiert haben. Die milden Salzheringe werden meist Ende Mai bis Mitte Juni in der Nordsee gefangen, bevor sie sich fortpflanzen. Sie haben noch keinen Rogen – also Fischeier – und keine Milch, aber einen hohen Fettgehalt.

Jedes Jahr Ende Mai feiert Emden sein Matjesfest. Dahin strömen Zehntausende. Das Spektakel ist sehenswert. www.emden.de

BRAUEREI-MUSEUM /// ELISABETHUFER 17 /// 26441 JEVER ///
0 44 61 / 1 37 11 /// WWW.JEVER.DE ///

# DAS WEICHE WASSER ENTFALTET DEN GESCHMACK

*Jever – wo das Bier herkommt*

39

Jever und ›friesisch-herb‹ gehören schon seit 1848 zusammen. Seitdem wird hier Bier gebraut. Die herbe Note kommt vom Lupulin, das sich im Fruchtkegel der weiblichen Hopfenpflanze befindet. Die verspiegelten Glastürme der Brauerei sind ein Wahrzeichen der Stadt; das Brauerei-Museum zeigt anschaulich, wie es damals zuging – beim Abfüllen.

Wie die Männer früher unten in ein großes Loch im alten Bierfass der Brauerei krochen, um es zu reinigen, macht die Gastführerin nur ansatzweise vor. Im Brauereimuseum des Friesischen Brauhauses zu Jever wird viel verraten über die Kunst des Brauens. Weiches Wasser bringt den Hopfengeschmack bestens zur Entfaltung. Aktive Tiefbrunnen wurden 1893 nur 3,5 Kilometer von der Brauerei entfernt gebaut. Ein Jahr später sprudelte das begehrte Nass durch Jevers erste Wasserleitung. Damals setzte der Eigentümer Theodor Fetköter, der die Brauerei 1867 gekauft hatte, alles daran, aus dem Familienbetrieb eine große Firma zu machen. Er ließ spezielle Flaschen gießen. Die Reinigungsanlage steht noch im Museum. Er investierte in Werbung, wovon ebenfalls noch Plakate zeugen. Eine alte Schankstube erinnert daran, wie es vor rund 100 Jahren beim Ausschank des ›Rohstoffs‹ der Arbeiter so zuging.

Wie anders das Bierbrauen heute ist, erleben die Besucher bei den Führungen. In jedem der drei verspiegelten Gärtürme wartet etwa eine Million Liter Jungbier auf die Abfüllung. Rund einen Monat verbringt der Gerstensaft darin, bis er fertig für die Flasche ist. Die Aussprache der Biermarke in der bundesweiten Werbung mit dem stimmhaften ›v‹ als ›w‹ gesprochen, ärgert die Jeveraner. Sie legen Wert auf das norddeutsche ›v‹ wie in Wilhelmshaven – also gesprochen wie ›f‹ in Hafen.

Die Eigenständigkeit des Namens hat sich erhalten, das ›Jever‹ gehört jedoch als Firma längst zur Radeberger Gruppe und damit zum Oetker-Konzern in Bielefeld.

›Echte Leidenschaften‹ probieren – das ist eine zart-knusprige Blätterteigbrezel aus Jever.

SCHLOSSMUSEUM JEVER /// SCHLOSSPLATZ 1 /// 26441 JEVER ///
0 44 61 / 96 93 50 /// WWW.SCHLOSSMUSEUM.DE ///

# EUROPA IST HIER IM SCHLOSS ZU HAUSE

*Jever – Schloss*

40

Wer durch die Räume streift, atmet noch den Geist der legendären letzten friesischen Regentin Maria von Jever (1500–1575). Sie ließ das im 14. Jahrhundert als Wehranlage errichtete Gemäuer ausbauen. 1736 erhielt es die markante Zwiebelhaube – heute das Wahrzeichen des Jeverlandes.

Wer Jever verstehen möchte, sollte sich das Schloss anschauen. Es zeigt die wechselvolle Geschichte des Landes, das als Friesland erst frei war, dann zu Oldenburg gehörte und sich immer schon von Ostfriesland abgrenzte. Das schließt sich kurioserweise weiter im Westen an. Vor allem lässt sich im Schloss erahnen, wie Maria von Jever lebte. Sie war die Tochter des letzten Friesenhäuptlings Edo Wiemken und verkörperte die Weitsicht und Eigenständigkeit des Jeverlandes. Maria von Jever ließ Deiche aufschütten, sie legte den Hafen Hooksiel an, der über den Wasserweg mit Jever verbunden war. So konnte ein intensiver Handel betrieben werden. 1536 erhielt Jever die Stadtrechte. Nach Marias Tod fiel das Jeverland an die Fürsten von Anhalt-Zerbst, 1793 an die russische Zarin Katharina II. So war es einige Jahre russisch, zwischendurch auch von Franzosen und Holländern besetzt. Bis 1918 gehörte Jever zum Großherzogtum Oldenburg.

Diese spannende europäische Geschichte ist für diese Region ungewöhnlich. Sie wird im Museum anschaulich dem Besucher nahegebracht. Im Gobelinsaal sind Brüsseler Bildteppiche zu bewundern. Die Deckenmalerei stammt aus dem späten 19. Jahrhundert. Landkarten und Pläne, Porzellan, Schwerter und Orden sind genauso zu sehen wie die Einrichtung eines alten Kaufmannsladens. Für Kuchenfreunde als Tipp gilt das Schlosscafé, das auch von außen betreten werden kann.

Wer sich dann noch im Park umschaut, wird überrascht von Rad schlagenden Pfauen, Wassergräben, Liegeflächen und einer alten Rotbuche, die angenehm Schatten spendet.

Vom Turm des Schlosses aus sind die Stadt und das Jeverland weithin zu überblicken.

## KUNSTFERTIG – QUER DURCHS LAND DER KREATIVEN FAHREN

*Kunsthandwerk*

Künstler und Kunsthandwerker lieben Ostfriesland. Es ist ihr Revier. Jedes Jahr im September öffnen viele von ihnen für zwei Tage ihre Ateliers. Die Atelierroute führt durch die Landkreise Aurich, Leer, Wittmund und die Stadt Emden. Aber auch auf den Inseln gibt es fingerfertige Kulturschaffende. Manche pflegen jahrhundertealte Traditionen – wie der Blaudrucker von Jever.

Wer kann schon auf 600 Models zurückgreifen? Jeder Modedesigner wäre stolz darauf. Georg Stark aus Jever ist Blaudrucker und hat kein einziges Showgirl, das seine Stoffe über den Laufsteg trägt. Seine 600 Modeln sind aus Birnbaumholz und tragen feine Metallstifte. Teilweise sind sie 400 Jahre alt. Mit diesen Modeln wird eine klebrige Masse auf Stoff gedruckt. Alles Handarbeit. In seiner Werkstatt im Kattrepel in der Innenstadt von Jever lässt sich die Kunst bestaunen. Stark zeigt und erklärt, wie er weißes Leinen in indigogefärbtes Tuch verwandelt und dabei weiße Traditionsmuster auf den Stoff zaubert. Ein zwei Meter tiefer Bottich mit blauer Farbe steht hinter seiner Arbeitsplatte. Dort werden die Tücher hineingetaucht. Wie lange die Farbe selbst bei starker Einstrahlung hält, zeigt der Färber über seinem Eingang. Dort hängt seit Jahren eine bedruckte Fahne, auf der das Muster noch gut zu erkennen ist.

In Großheide-Westerende ist eine Künstlerfamilie ebenfalls der Tradition verschrieben – Hans und Jost Stange sind Bildhauer. Ihre Skulpturen, Brunnen und Wandreliefs bestehen aus Granit oder Sandstein. Sie wollen Ortstypisches in Naturstein formen und so für die Ewigkeit konservieren. Das Atelier steht nach Anmeldung Interessierten offen.

Auf Glasobjekte setzen dagegen Vincent und Gemma van Leeuwen in Leer-Coldam. Ihre Glasobjekte versprühen eine verblüffende Leichtigkeit. Die beiden schaffen »lebendige Kunst für Haus und Garten«, wie sie betonen.

Dem Filzen hat sich hingegen Marita Reuter-Betten aus dem Südbrookmerland gewidmet. »Wolle ist ein Wahnsinnsstoff«, betont die erfahrene Frau. Sie hat zwei eigene Schafe und bietet auch Kurse in Kleingruppen an, die bei ihr das Filzen lernen wollen. Es entstehen Hüte, Schals, Pulswärmer oder Pantoffeln – Ideen gibt es genug.

Gisbert Saal nimmt den Begriff des ›goldenen Handwerks‹ wörtlich. Der Goldschmied aus Aurich-Plaggenburg schafft viele kleine Kunstwerke – Schmuck für Hals und Hand. Seine Unikate aus Gold, Silber und Palladium liefern Farbkontraste. Saal hält Goldschmieden für eine ›Bildhauerei in Miniatur‹. Seine Kunden wissen es zu schätzen.

Aufs Drechseln setzt Gunter Ebersbach aus Norden. In seinem ›Kugelhaus‹ bearbeitet er die harte und zähe Hainbuche. Seine Werkstatt steht jedem Interessierten offen. Seine gedrechselten Rundstücke sind meist nicht größer als 2,5 Zentimeter. Kreisel für Kinder lassen sich bei Gefallen also gleich mitnehmen.

Eine ganz andere Richtung beim Kunsthandwerk schlug Rolf Greeven in der Krummhörn ein. Sein Atelier in Loquard verlassen bemalte Fliesen. Sie werden auf traditionelle Weise geformt, bemalt und gebrannt. Als glasierte keramische Fliesen sind sie wegen ihrer harten und glatten Oberfläche gut zum Kacheln von Wänden geeignet. Die Motivwahl ist nicht nur traditionell – Greeven hat auch die Kinder-, Pflanzen- und Tierwelt im Angebot.

So gibt es quer durch Ostfriesland eine Vielfalt an Handwerkskunst zu entdecken, die den Laien fast überfordert. Viele Ateliers sind etwas versteckt in den Dörfern. Einige Künstler scheinen lieber im Verborgenen zu arbeiten. Doch fast alle freuen sich über Besuch. Bei den Tourist-Informationen sind die Künstler bekannt. Vielerorts sind auch Kurse im Programm. Die Könner geben ihr Wissen gern weiter. Sie sind geduldig, wenn etwas nicht gleich klappt. Sie geben Hilfestellung, denn sie wollen, dass der Gast sein Kunstwerk auch fertigstellt, es lieb gewinnt und zu Hause in Ehren hält. Das geht von der Juister Keramik-Werkstatt bis zur »Schmucklust« auf Langeoog. Es gibt viel zu tun im Urlaub, die Gäste werden es schon richten!

**KÜNSTLERÜBERBLICK UNTER WWW.ATELIERROUTE.DE ///**
**BLAUDRUCK /// KATTREPEL 3 /// 26441 JEVER ///**
**0 44 61 / 7 13 88 /// WWW.BLAUDRUCKEREI.DE ///**

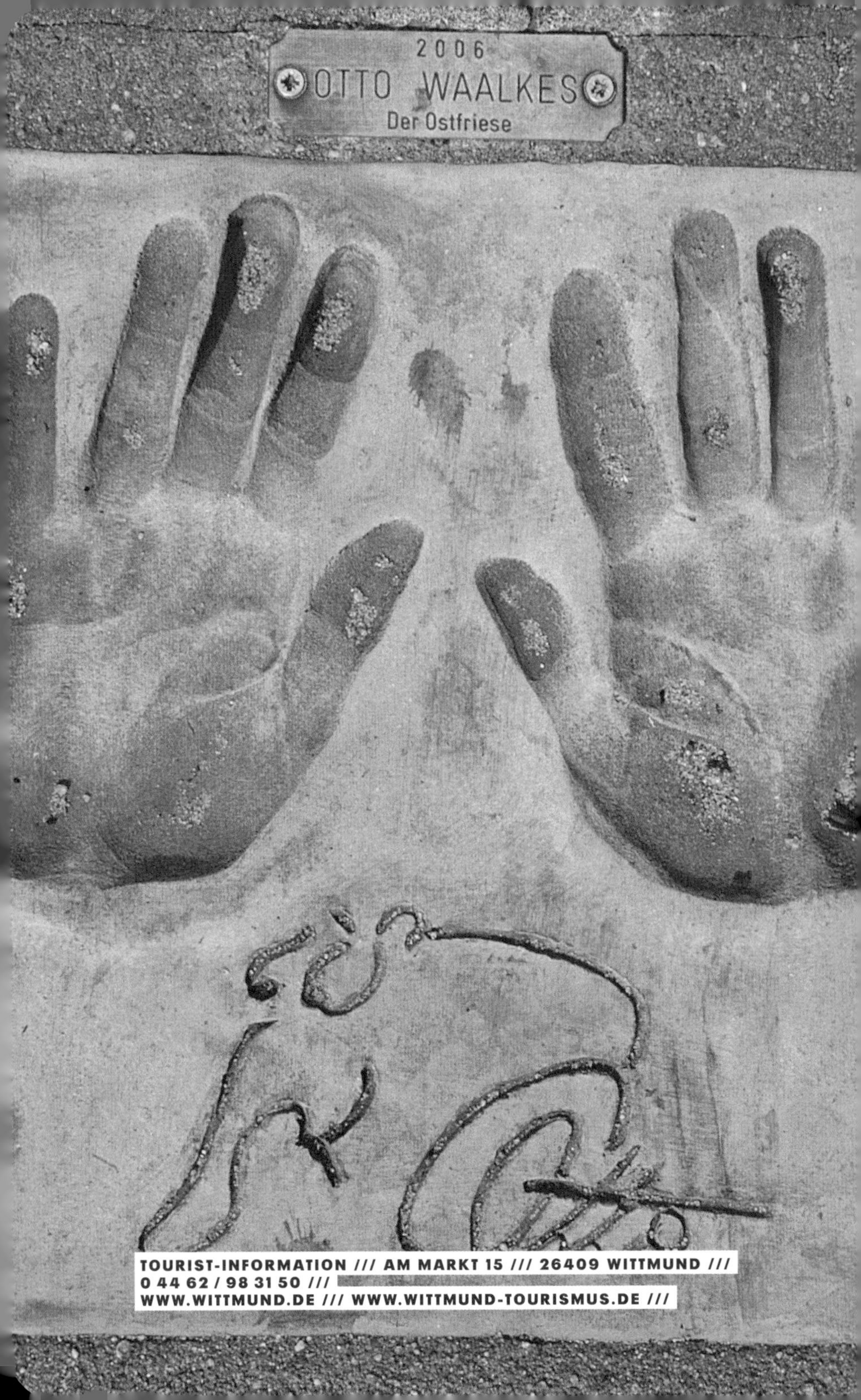


**TOURIST-INFORMATION /// AM MARKT 15 /// 26409 WITTMUND ///**
**0 44 62 / 98 31 50 ///**
**WWW.WITTMUND.DE /// WWW.WITTMUND-TOURISMUS.DE ///**

# ZEIGT HER EURE HÄNDE!

*Wittmund*

41

Hollywood ist weit, doch da werden auch nur Sterne in den Boden gepflastert. Wer ein wirklicher Star ist, der hat sich im Ton der Wittmunder Fußgängerzone mit seinen beiden Händen verewigt. Schon mehr als 40 Prominente haben auf dem ›Hands of Fame‹ ihre Abdrücke hinterlassen.

Als ›der Ostfriese‹ darf Otto Waalkes nicht fehlen. Der Komiker aus Emden drückte schon 2006 seine Hände in eine Tonplatte. Sie wurde gebrannt und in den Fußboden eingefügt. Ein Ottifant mit Ottos Unterschrift verbunden ziert die Fliese. Vor kurzem erst war Joseph Jackson da. Der Vater des verstorbenen Sängers Michael Jackson macht regelmäßig Urlaub in der Nähe, in Carolinensiel-Harlesiel. Jetzt kann man auch ihm auf die Hände schauen. Von Joschka Fischer (erstaunlich kleine Händchen) über Günther Jauch, Johannes Heesters oder Uwe Seeler bis zum Moderator Jörg Pilawa oder Reinhold Messner reicht die rote Palette. Wer also gern anderen aus der Hand liest, findet hier ein immenses Betätigungsfeld. Rechts und links sind Geschäfte zu finden, sodass beim Bummel durch die Fußgängerzone sich auch das Aufschauen lohnen kann.

Neuerdings sind an der Ecke Kirchstraße/Drostenstraße die Handabdrücke von immerhin sechs Bundespräsidenten auf Tonbrandklinkerplatte zu bewundern. Ausnahmsweise ziert ein Stern den Platz – wie beim ›Walk of Fame‹. Auf Tafeln informieren die Wittmunder über das Leben der Staatsoberhäupter.

Wittmund ist auch das Zentrum des Ostfriesenabiturs. Die Stadt verleiht die Auszeichnung an Gäste, die sich theoretisch und praktisch haben schulen lassen. Grundwissen über Pflege und Aufzucht des Ostfriesen wird genauso abgefragt, wie beim Kuhmelken oder Boßeln (Kugel über Feldweg kullern lassen) zugeschaut wird. Die meisten schaffen die Prüfungen schon beim ersten Mal!

Auf den Baumregionenturm klettern und sich die Welt der Bäume auf Augenhöhe genauer anschauen.

**ERLEBNISGOLF OSTFRIESLAND /// DAHLIENSTRASSE 26 ///**
**26639 WIESMOOR /// 0 49 44 / 9 19 80 ///**
**WWW.ERLEBNISGOLF-OSTFRIESLAND.DE ///**

# OSTFRIESLAND SPIELEND ERLEBEN

*Wiesmoor – Erlebnisgolf*

42

Wer schafft es, den kleinen Ball beim Minigolf in der Kurbelfähre von Filsum einzulochen? Erlebnisgolf in Wiesmoor ist eine Attraktion für alle, die Ostfriesland im Schnelldurchgang kennenlernen wollen und etwas Ballgefühl haben. Minigolf ist ein Spiel auf Nahdistanz, und so bleibt der Ball meist am Boden. Den Ball flach zu halten, das ist typisch für die Ostfriesen – sie machen kein großes Bohei aus ihrem Tun.

Auf dem Minigolfplatz ist die Aussicht prächtig, nicht nur wegen der vielen Blumen und anderer Pflanzen auf dem Gelände und hinter dem Zaun. Ob Krabbenkutter, Bockwindmühle oder Leuchtturm – 18 Bahnen, herrlich in hellblau markiert, führen die Spieler durchs Land vor den Deichen der Nordsee. An jeder Station winkt einem ein Stückchen tieffriesischer Symbolik zu. Hier ist die Steinpyramide vom Upstalsboom bei Aurich nachgebaut. Da glänzt der Torfabbau im Sonnenlicht. Der ist übrigens höchst amüsant: Der Ball wird hier über ein Förderband in eine Lore geholt, die sich bald, von einer kleinen Lok gezogen, in Bewegung setzt und auf der anderen Seite des Parcours den Ball abkippt. Ein Minigolfspiel zum Schmunzeln und Staunen. An den einzelnen Bahnen ist Geschicklichkeit gefragt, denn jeder möchte sein Spielgerät ja mit möglichst wenigen Abschlägen im Loch versenken. Es ist die Gaudi für Familien und Kleingruppen.

Auf Spielbahn 16 geht es um Piraten und Klaus Störtebeker, auf der folgenden um Wale. Von ihnen leben acht Arten in der Nordsee, die größte ist die der Schweinswale. Das Labyrinth auf Bahn sieben steht für die Wallhecken, wie man sie seit mehr als 1.000 Jahren zum Windschutz von Acker und Vieh aus Sand und Steinen aufschüttet und bepflanzt. Sie sind typisch für die Kulturlandschaft hier. Das ›Koppke Tee‹ darf nicht fehlen – es wird auf Bahn acht bespielt und nach dem Spiel auf jeden Fall getrunken.

☞ Im benachbarten Torf- und Siedlungsmuseum mit Freigelände ist die Arbeit der einstigen Kolonisten nachzuvollziehen.

LUFTKURORT WIESMOOR TOURISTIK GMBH /// DAHLIENSTRASSE 26 ///
26639 WIESMOOR /// 0 49 44 / 9 19 80 /// WWW.WIESMOOR.DE ///

# EINTAUCHEN IN EIN MEER AUS BLÜTEN

*Wiesmoor*

43

Die Stadt der Blumen: Wiesmoor hat eine der größten zusammenhängenden Gartenbauflächen in Europa. Pflanzen, Sträucher und Topfblumen werden hier gezüchtet und verkauft. Für Besucher sind das Blumenreich Gartenpark und die Blumenhalle schon ein prima Einstieg. Dann fährt auch die ›Moornixe‹ durch die Fehnkanäle.

Das Wiesmoor zwischen Aurich und Wilhelmshaven schlummerte bis Anfang des 19. Jahrhunderts dahin. Als dann die Preußen das unbewohnte Hochmoor, immerhin 120 Quadratkilometer groß, abtorfen und besiedeln ließen, da begann auch die Geschichte vom Ort Wiesmoor. 2006 feierte er sein 100-jähriges Bestehen.

Mit einem Torfkraftwerk, das mit Dampfturbinen Strom erzeugte, wurde Deutschland schon 1909 auf das kleine Dorf im Moor aufmerksam. Dann bauten die Wiesmoorer riesige Gewächshäuser für Gemüseanbau – wohin das Kraftwerk seinen Dampf abließ. 75.000 Quadratmeter waren unter Glas – damals die größte Treibhausanlage Europas. Torf, Gurken, Tomaten und bald auch Blumen brachten den Menschen Geld in die Kasse.

Heute sind es neben den Pflanzen auch die Touristen, die zum Wohlstand Wiesmoors beitragen. Sie kommen meist in Busgruppen. Abgucken für den eigenen Garten können sie sich hier viel. Großgärtnereien können besichtigt werden. Die Blumenhalle präsentiert eine Vielfalt von Kräutern und Stauden, die sich sehen lassen kann. Dann schippern die Gäste auch gern mit der ›Moornixe‹ durch die Fehnkanäle. Sie wurden gegraben, um das Moor zu entwässern.

Einen Tag in dieser hohen Blütendichte zu verbringen, gerät zum Genuss. Die meisten bleiben sogar länger, um noch mehr übers Gärtnern zu erfahren, denn schon die alten Chinesen prägten die Weisheit: Ein Garten macht glücklich für das ganze Leben.

Am ersten Septemberwochenende beginnt das Blütenfest. Der Blumenkorso trägt jedes Jahr ein anderes Motto. Die Blütenkönigin wird gekürt.

VERKEHRSVEREIN AURICH/OSTFRIESLAND /// NORDERSTRASSE 32 ///
26603 AURICH /// 0 49 41 / 44 64 ///
WWW.AURICH.DE ///

# SECHS HÄUPTLINGE FORMTEN OSTFRIESLAND

*Aurich – das Herz*

44

An einer unscheinbaren Seite des ›Hauses der Ostfriesischen Landschaft‹ – das ist eine Art Stände- und Kulturvertretung – klebt das Wappen Ostfrieslands an einer Backsteinmauer. Wer sich dicht heran beugt, erkennt darin nicht nur die Wappen von sechs Häuptlingsfamilien, er hört sozusagen das Herz dieses Landstriches schlagen.

Es ist eine Art Heimatschutzverein, der hier residiert. Die ›Ostfriesische Landschaft‹ garantiert unabhängig von irgendwelchen kommunalen Grenzen das Wohl Ostfrieslands. Dazu gehört die Sprache, das Platt, das von einem Büro hier gepflegt und weiterentwickelt wird. Jedes Jahr werden neue Begriffe zugelassen wie zum Beispiel ›Klappreekner‹ für ›Laptop‹. Dann geht es um Kultur generell, um Bildung und Wissenschaft. Der Ostfriese ist ein geselliges Wesen, auch wenn es einzelne Exemplare vielleicht nicht bei den ersten Sätzen verraten mögen. Sie sind oft dickschädelig und fallen bei Wind nicht um, denn das haben sie jahrhundertelang geübt.

Die ›Landschaft‹, das waren früher die Landstände. Sie bestanden aus dem geistlichen, adligen und bürgerlichen Stand und vertraten Land und Leute gegenüber den Landesherren. Doch die Friesen waren bis ins späte Mittelalter frei und weitgehend unabhängig. Kaiser Friedrich III. erhob Familie Cirksena 1464 zu Reichsgrafen und garantierte so Rechte und Freiheiten.

Wer nun an der Außenmauer das Wappen von 1626 betrachtet, erkennt die sechs Häuptlingsfamilien. Oben links ist das Hauswappen der Cirksena (1464–1744) zu sehen, ein Jungfrauenadler. Rechts oben prangt der gekrönte Adler der tom Brook aus dem Brookmerland. Links in der Mitte schmücken blaue Sichelmonde die Manslagts aus Krummhörn, rechts erinnert der Löwe an die Ukena aus Leer. Unten links ist der schwarze Bär der Attena aus Esens zu erkennen, rechts symbolisieren Geißelstäbe Häuptling Hero Omkens Macht im Harlingerland.

Schiffsausflüge durch die Kanäle mit der ›MS Stadt Aurich‹ sind bei den Gästen sehr beliebt.

HISTORISCHES MUSEUM AURICH /// BURGSTRASSE 25 ///
26603 AURICH /// 0 49 41 / 12 36 00 ///
WWW.MUSEUM-AURICH.DE /// WWW.MIRACULUM-AURICH.DE ///

## WO DIE FRIESISCHE FREIHEIT WOHNT

*Aurich – MachMitMuseum*

45

Wer seinen Kopf von hinten in die Ritterrüstung vor dem MachMit-Museum in Aurich steckt, ist augenblicklich zum Ritter geschlagen. Er verteidigt die Friesische Freiheit. ›Eala frya Fresena!‹ steht unter dem Wappen, das die Häuptlingsstämme zeigt. Das heißt übersetzt etwa: Steht auf, ihr freien Friesen!

An der Burgstraße, das ist Aurichs Fußgängerzone, findet sich ein Haus mit wertvollen Schätzen: das Historische Museum. Der Ihlower Altar als Miniatur (das Original steht gegenüber in der Lambertikirche) und ein Modell des Ihlower Klosters, das zeigt, wie es vor der Zerstörung aussah, sind nur einige der Besonderheiten dieses Hauses. Es beherbergt eine große Zahl von Fundstücken, von denen viele die Geschichte der friesischen Freiheit erzählen. Seltene Siegel gehören dazu. ›Eala frya Fresena!‹ war auch die Begrüßungsformel unter den Abgesandten, die sich alljährlich in Upstalsboom, einem mittelalterlichen Versammlungsplatz bei Rahe, versammelten. Ein Stein ein paar Kilometer südwestlich von Aurich erinnert an die Thingstätte im Wald, wo vor 800 Jahren eine gemeinsame Politik der sieben friesischen Seelande formuliert und Recht gesprochen wurde. In ihrem Aufbau erinnert diese alte Versammlungsdemokratie an die, die es früher auf Island gab. Auch dort trafen sich jährlich die Abgesandten an einem Ort.

Für Kinder ideal ist das ans Museum angeschlossene MachMit-Museum miraculum. Es fördert das eigenständige Entdecken und das Spielen miteinander. Das mehrfach ausgezeichnete Haus findet ständig neue Themen, die Kinder und Jugendliche interessieren. Für jeden Besucher ist genug Raum für Kreativität, denn es zählt das Mitmachen. Da suchen Piraten nach Schiffswracks oder Geister nach Drachen. Es gibt viel zu tun, auch in einer Ritterrüstung, mit der die friesische Freiheit verteidigt werden muss!

Frisches Brot aus dem Backhaus der Stiftsmühle Aurich holen (am ersten Samstag im Monat), die Teestube hat nachmittags geöffnet (außer montags).

# DAS LAND

CONDOR
TOURISTIK GMBH KRUMMHÖRN-GREETSIEL /// ZUR HAUENER HOOGE 11 ///
26736 GREETSIEL /// 0 49 26 / 9 18 80 /// WWW.GREETSIEL.DE ///

# DER MALERISCHE ORT WÄRE OHNE KUTTER UNVOLLKOMMEN

*Krummhörn – Greetsiel*

46

19 Dörfer formen die Krummhörn, das ist eine ›krumme Ecke‹. Wer auf die Landkarte schaut, findet diese ›Nase‹, die sich westlich von Emden nach Norden hochzieht. Zum Glück ist sie eingedeicht, denn sonst wäre bei jeder zweiten Flut hier ›Land unter‹. Die Dörfer liegen meist auf Warften, die die Menschen aufgeschüttet haben. Bekanntester und größter Ort ist das Fischer- und Künstlerdorf Greetsiel.

Fast 300 Jahre regierten von dem 625 Jahre alten Fischerdorf aus die Häuptlinge der Familie Cirksena ihr Land an der Leybucht. Ihren Sitz hatten sie in einem früheren Gebäude am Hafen, wo seit dem 17. Jahrhundert das Amtmannshaus steht. Sie konnten beruhigt auf ihre Armada schauen oder die Schiffe aus Hamburg kontrollieren, die hier festmachten und Zoll zu zahlen hatten. Schifffahrt war in Greetsiel schon immer beliebt, weshalb alle dankbar sind, dass nach der Eindeichung die Flotte des Dorfes erhalten bleiben konnte. Eine Schleuse und ein Speicherbecken garantieren einen konstanten Wasserstand im Hafen sowie einen unbehinderten Schiffsverkehr in die Nordsee. Und zu dem gehören auch die Kutter mit ihren Netzen, sonst wäre das Idyll mit den Giebelhäusern aus dem 17. Jahrhundert, den Gassen, den Backsteinhäusern und den berühmten Zwillingsmühlen unvollkommen.

Doch so ist es eine Lust, sich hier zum Kaffee oder Tee mit Kuchen auf die Freiterrassen zu setzen, in den kleinen Läden zu stöbern oder eines der Boote zu mieten. Mit den großen lässt sich auch hinausfahren. So gewinnt der Passagier einen Eindruck, was die Seefahrt hier Jahrhunderte hindurch bedeutet hat. Wer aber das Treiben im Hafen in Ruhe betrachten möchte, kann auch außen im Rettungsschuppen Platz nehmen. Die Bar am Siel bietet beste Logenplätze, um das Treiben von Fuß- und Seevolk zu beobachten. Gegen Abend wird es am schönsten, denn dann sitzen die vielen Tagesgäste, die Greetsiel durchfluten, längst wieder in ihren Bussen.

Abtauchen in der Gesundheits-Oase Greetsiel im 30 Grad warmen Wasser, sich auf Sprudelliegen entspannen oder die Saunalandschaft genießen.

DIE NORDSEE GMBH /// OLYMPIASTRASSE 1 /// 26419 SCHORTENS ///
0 44 21 / 9 56 09 90 /// WWW.DIE-NORDSEE.DE ///

# SELBST HERZMUSCHELN TRAGEN IHR KLEINES GEHEIMNIS

*Beim Wattwandern*

47

Eine Wattwanderung gehört auf allen Inseln und an vielen Küstenorten zum Ferienprogramm. Da lässt sich das Leben im Nationalpark, der seit 2009 zum Weltnaturerbe gehört, mit den Füßen erspüren. Aber auch in Gummistiefeln ist der Ausflug ein Gewinn.

Südlich der Inseln zum Festland hin breitet sich das Wattenmeer aus. Allein hinein zu gehen, das ist lebensgefährlich. Wer sich einem Kundigen anschließt, ist meist nach zwei Stunden wieder zurück. Dann kann er viel erzählen vom Wattwurm und seinen Freunden. Bis zu 100.000 Kleinstlebewesen bevölkern einen Kubikmeter Watt. Eine Meisterleistung bringen die Herzmuscheln zustande. Der Wattführer bittet die Gruppe, einige auszugraben. Er füllt sie in ein Glas mit Seewasser und lässt es im Watt stehen. »Wir schauen nach einer Stunde wieder vorbei«, kündigt er an.

Dann zeigt er Miesmuscheln mit Seepocken, kleine Krebse oder die ›Spaghettikringel‹ der Würmer. Der Nationalpark Niedersächsisches Wattenmeer ist 6,5-mal so groß wie der Bodensee, seit 2009 gehört das Watt von den Niederlanden bis an die dänische Grenze in Nordfriesland zum Weltnaturerbe der UNESCO. Das betonen die Insulaner gern und oft. Sie treten ihren Meeresboden zwar mit Füßen, aber sie schätzen ihn. Was darin passiert, muss erläutert werden, denn die Natur erschließt sich erst auf den kundigen Blick hin. Für den flüchtigen Betrachter ist es nicht mehr als Matsch und Meerwasser.

Doch was ist das? Das salzige Wasser im Behälter, den die Gruppe auf dem Rückweg jetzt prüft, ist klar geworden. Die Herzmuscheln haben es zu Trinkwasser gefiltert. Was für eine Leistung! Wer das Wasser trinkt – und es tun fast alle in der Gruppe –, wird hundert Jahre alt. Das jedenfalls sagen die Insulaner.

Wattwanderungen werden von den örtlichen Tourist-Büros regelmäßig angeboten. Informationen liefern auch die Nationalparkhäuser.

**LEUCHTTURM /// ZUM ALTEN LEUCHTTURM /// KRUMMHÖRN-PILSUM /// 0 49 23 / 91 61 53 (FÜHRUNGEN) UND 0 49 26 / 91 88 13 (TOURISTINFO) /// WWW.GREETSIEL.DE /// WWW.PILSUMER-LEUCHTTURM.DE ///**

# ROT-GELB GERINGELT ERST SEIT 1973

*Krummhörn – Pilsum*

48

Sicher ist die Kreuzkirche aus dem 12. Jahrhundert ein nationales Baudenkmal. Wuchtig beherrscht sie den kleinen Ort. Der Turm ruht mitten in der Kirche auf Pfeilern. Das ist imposant. Doch weithin berühmt ist Pilsum wegen seines rot-gelb geringelten Leuchtturms. Der wiederum gefiel dem Komiker Otto so gut, dass er ihn als Filmkulisse nutzte. Der Turm lässt sich zwar nur selten von innen besichtigen, aber Heiraten ist darin erlaubt.

Mit seinen elf Metern Höhe zählt er zu den kleinsten Leuchttürmen Deutschlands. Er schaut nur etwas über den Deich und wurde 1891 als Leitfeuer zusammen mit drei weiteren Leuchttürmen zur ›Beleuchtung der Unter-Ems‹ in Betrieb genommen. 1915 war aber schon Schluss mit dem Feuer in Pilsum, denn der Seeweg war versandet. 1973 begann die Restaurierung mit der einmaligen rot-gelben Farbgebung. Früher war der Turm einfarbig rot und später grau.

Manche kommen nur deshalb, weil sie den Leuchtturm aus den Otto-Filmen kennen. Auch durch die Kinderbücher von Bernd Flessner ist er als ›Lükko Leuchtturm‹ bekannt geworden. Wer dort oben auf dem Deich langgeht, hat eine gute Aussicht auf die Emsmündung und die Küste dahinter. Das sind bereits die Niederlande. Ganz in der Nähe des Turms befindet sich ein Heuhotel, wo die vielen Radfahrer unter den Gästen gern im eigenen Schlafsack die Nacht verbringen und ein üppiges Frühstück genießen. Unten am Deich werden in einem roten Imbisswagen ›ostfriesische Delikatessen‹ verkauft – sie heißen Backfisch oder Currywurst und Emder Matjesbrötchen.

Pilsum selbst liegt rund zwei Kilometer entfernt. Durch den Ort zu schlendern, lohnt sich schon wegen der wuchtigen Kreuzkirche. Sie ist auch von innen sehenswert. Neben einem Käsehof, wo man beim Käsen zuschauen kann, bietet Pilsum auch eine kleine Comedy-Bühne. Holger Müller alias Ausbilder Schmidt hat sich hier niedergelassen und gibt aus seinem Repertoire etwas zum Besten.

Einkehren in der Alten Brauerei neben der Kreuzkirche. Die Qualität der Gerichte ist vielfach gerühmt worden. Das Haus gehört zu ›Ostfriesland Kulinarisch‹. www.alte-brauerei-pilsum.de

# ORGANISTEN AUS ALLER WELT TREFFEN SICH IN OSTFRIESLAND

*Orgeln*

Ohne Ostfriesland wäre die Orgelwelt klein. Mehr als 150 historisch bedeutende Orgeln aus sieben Jahrhunderten schmücken die Kirchen der Region. 60 davon sind vor 1850 gebaut worden. Die älteste bespielbare Orgel des nördlichen Europas befindet sich in der kleinen Kirche von Rysum in der Krummhörn. Sie wurde 1457 gebaut. Jetzt spöttisch zu behaupten, ganz Ostfriesland bestehe nur aus Pfeifen, greift zu kurz. Bei vielen Konzerten erklingen die Instrumente und geben dem Besucher ein unvergessliches Erlebnis mit auf den Weg.

Es ist die reichste Orgellandschaft der Welt. Nirgendwo sonst herrscht diese Dichte. In der Krummhörn sind die meisten anzutreffen, auch im Rheiderland stehen viele dieser Musikinstrumente. In den benachbarten Niederlanden geht es weiter. Als die Orgel zum Hauptinstrument der christlichen Liturgie wurde, das war im 15. Jahrhundert, da wurden hier nach und nach alle Kirchen und Klöster damit ausgestattet. Ein Zentrum des nordeuropäischen Orgelbaus entstand hier sowie in den Niederlanden. Handwerkliches Geschick paarte sich mit Geduld und der Möglichkeit, die Rohstoffe von Metall bis zu Holz und Farben übers Meer heranzuschaffen. Meister Thidricus de Dominis baute eine der ersten Orgeln der Region. Sie wurde 1437 in die Marienkirche von Marienhafe eingebaut. Gehämmertes Blei formte die Pfeifen. Klapptüren, die reich bemalt wurden, zierten bis ins 17. Jahrhundert die eingebauten Instrumententeile. Doch der Grund dafür war eher profan: Vögel sollten sich nicht auf die Pfeifen setzen und sie mit Kot beschmutzen.

Stets aufgeklappt sind die Flügel aus Holz heute. Sie liegen wie Ohren rechts und links neben dem Herzen der Rysumer Orgel. Sonne, Mond und Sterne zieren die sichtbaren Teile der Klapptüren. Mit ihren elf Pfeifenreihen und sieben Registern auf einem Manual ist eine der ältesten Orgeln der Welt selbst für den Laien als Meisterstück zu erkennen. Wenn dann der Organist in die Tasten greift, erklingt ein harmonischer Klang. Im Hintergrund schlägt die Glocke. Es entsteht eine meditative Stimmung. Die beachtliche Tonvielfalt dieser alten Orgel ruft beim Zuhörer ein erstauntes Nicken hervor. Sich vorzustellen, dass solche Klänge vor 555 Jahren auch an dieser Stelle den Kirchenraum erfüllten, ist wie der Beginn einer Zeitreise. Fans laden sich Orgelstücke aus dieser Kirche (wie aus den fast 100 anderen) auf ihr elektronisches Abspielgerät für die Tasche. Plötzlich entsteht das Gefühl, eine Verbindung in die Zeit zu bekommen, in der die Medici Florenz beherrschten, Azteken und Inkas in Südamerika regierten oder der Augsburger Kaufmann Andreas Fugger starb. Mithilfe der vergänglichen Klänge, die nur sekundenweise die Luft erfüllen, diese Brücke in die Vergangenheit zu schlagen, das gelingt in den ostfriesischen Kirchen meisterhaft. Und wie viel mehr bleibt noch in Erinnerung, wenn im Rahmen der zahlreichen Konzerte des Orgelsommers quer durchs Land in Dornum bei Kerzenschein die Nachtorgel erklingt. Die Bartholomäuskirche mit ihrer Barockausstattung liefert den passenden Rahmen dazu. Organisten aus aller Welt freuen sich darauf, diese historischen Instrumente bespielen zu dürfen. Oft wird das Ganze durch ein Konzert ergänzt. Weltbekannte Geiger und Sopranisten begleiten die ›Königin von Dornum‹, wie das gute Stück von 1711 wegen seiner Klangvielfalt auch genannt wird. Es ist die größte erhaltene norddeutsche Dorforgel. Sie hat 48 Pfeifenreihen und 32 Register.

Da die meisten Kirchen tagsüber offen stehen, lohnt schon der Blick hinter die Holztür. Es sind manchmal schlichte, teilweise auch schwungvoll verzierte Orgeln, die sich mal ein-, mal mehrfarbig dem Betrachter präsentieren. Niemals aber sind sie schrill. Sie wirken durch ihre Eleganz, durch ihre Symmetrie und die Verbindung mit der Kirche. In Stapelmoor steht eine französische Barockorgel, in Rhede eine italienische. Es gibt Fans von Orgeln, die nicht einmal wegen der Musik, die aus ihnen hervorströmt, quer durch Ostfriesland reisen. Sie wollen die Vielfalt erleben, denn keine gleicht der anderen. Es ist eine Orgellandschaft, die einen in den Bann ziehen kann. Ihr Zentrum befindet sich in einer restaurierten Stadtvilla in Weener. Das liegt südwestlich von Leer im Rheiderland. Im Organeum steht eine Sammlung historischer Tasteninstrumente. Ein Cembalo von 1741, erbaut für den letzten ostfriesischen Fürsten Carl Edzard, ist dort zu bewundern. Eine Kabinettorgel von 1790 aus Emden schmückt die Räume. Das Organeum, 1997 gegründet, ist die Anlaufstelle für Organisten, Orgelforscher und Orgelfans aus aller Welt. Gegenüber in der Georgskirche von Weener steht eine berühmte Arp-Schnitger-Orgel. Durchs ganze Land führen Exkursionen, auf denen Interessierte tiefe Einblicke in diese Art der Klangerzeugung bekommen.

**ORGANEUM /// NORDERSTRASSE 18 /// 26826 WEENER ///
0 49 51 / 91 22 03 /// WWW.OSTFRIESISCHELANDSCHAFT.DE ///**

RYSUMER KIRCHE /// TURMSTRASSE 1 ///
26736 KRUMMHÖRN /// 0 49 27 / 2 67 ///
WWW.RYSUM.REFORMIERT.DE /// WWW.RYSUM.ORG ///

## EIN DORF WIE IM BILDERBUCH

*Krummhörn – Rysum*

49

Ein aufgeschütteter Hügel (Warft genannt) und 750 Menschen, die in alten Häusern zwischen bunten Gärten leben, eine begehbare Mühle und die älteste bespielbare Orgel (von 1457) im nördlichen Europa – das ist Rysum. Alles spielt sich in einem Kreis von 400 Metern Durchmesser ab. Größer ist die Warft nicht. Auf zum Bummeln durch die kleinen Lohnen – das sind hier die Straßen!

Viele Besucher bleiben immer wieder stehen. Sie schauen in die Vorgärten, auf die tief gezogenen Dächer und den roten Backstein. Dann blicken sie sich um. Da steht der stolze ›Holländer‹, die Windmühle. Von oben reicht der Blick bis ins Nachbarland. Von dort holten die Rysumer einst über die zugefrorene Bucht, den Dollart, ihre Orgel. Drei wertvolle Kühe gaben die Bauern dem Orgelbaumeister aus den Niederlanden dafür als Lohn, und schon hatten sie ein klangliches Meisterwerk. Das gute Stück von 1457 tut auch heute noch seinen Dienst in der schlicht gehaltenen Einraumkirche.

Rysum gefällt den Gästen, weil es hier so aussieht, wie man sich ein ostfriesisches Dorf vorstellt, das sich bei nur sechs Metern über dem Meeresspiegel über Jahrhunderte gehalten hat. Auch die Menschen passen dazu. Zum einen führen sie Weltklassik mit international bekannten Pianisten vor. Sie bitten jährlich ihre Zuhörer in den Fuhrmannshof. Zum anderen sind sie so findig, in einen denkmalgeschützten Gulfhof (so heißen die alten Bauernhäuser) einen Glaskasten zu bauen. Da sitzen die speisenden und trinkenden Gäste drin und haben beste Sicht auf das gute Stück, in dem sie sitzen. Ausstellungen und regionale Produkte lassen sich in dem 1750 erbauten Gulfhof genießen.

Die Krummhörn, zu der Rysum gehört, hat 17 weitere kleine Warftendörfer und Greetsiel zu bieten. Diese idyllische Gegend abzufahren, ist für viele die reinste Urlaubsfreude. Doch ist Rysum der eindrucksvollste Ort dabei.

In Campen den Leuchtturm, den höchsten in Deutschland, besteigen. Er ähnelt etwas dem Eiffelturm in Paris.

MÜHLENCAFÉ UND MELKHUSKE JEMGUM /// KREUZSTRASSE 2 /// 26844 DITZUM-JEMGUM /// 0 49 58 / 3 36 /// WWW.JEMGUM.DE ///

# HIER FÜHLTEN SICH BEREITS DIE RÖMER WOHL

*Rheiderland – Jemgum*

50

Das Land unter Null liegt zwischen Ems und Dollart westlich von Leer und reicht bis in die Niederlande. Es wurde mühsam dem Meer abgerungen und eingedeicht. Bäume haben hier Seltenheitswert. Die Marsch (so heißt das angeschwemmte Land) liegt ein bis drei Meter unter dem Meeresspiegel. Hier herrscht im Winter die größte Dichte an Wildgänsen in Europa.

Schon die Römer legten hier an. Ihr Lager Bentumersiel befand sich im heutigen Jemgum. Als die Söldner aus Rom im Jahre 12 v. Chr. in die Ems hinein ruderten, wollten sie das unbekannte Land erkunden, in dem die Chauken östlich und die Friesen westlich der Ems lebten. Funde im Ort aus jener Zeit zeugen von einem größeren Rastplatz der Gäste aus dem fernen Rom. Sie fühlten sich offenbar hier wohl.

Heute prägen Bauern den Ort. Eine alte Mühle von 1756 lässt sich von innen erkunden. Zeitweise ist sie noch in Betrieb. Ein Mühlencafé schließt sich an, sodass der Besucher hier Kraft schöpfen kann. Es geht geruhsam zu in dem Ort. Im alten Sielhus trifft sich der Heimat- und Kulturverein. Es gibt Spielnachmittage wie die ›öffentliche Verknobelung‹, womit ein Würfelspiel gemeint ist. Gemütliche Fischrestaurants zieren die Gegend. Am Sportboothafen legen heute keine Römer mehr an, dafür verdunkelt sich etwa einmal im Jahr minutenlang der Himmel. Die größten Kreuzfahrtschiffe der Welt werden weiter südlich in Papenburg an der Ems gebaut. Wenn eines fertig ist, wird es mit Schleppern rückwärts durch den Fluss bugsiert. Meist hat es nur 50 Zentimeter Wasser unter dem Kiel. Die Ems wird aufgestaut, sodass auch ein 500-Millionen-Euro-Schiff nicht plötzlich stecken bleibt. Tausende kommen, um sich das Schauspiel anzusehen, das meist einen Tag und eine Nacht dauert. Jemgum bietet genug ›Logen‹ mit guter Sicht von den Deichen aus.

Grenzübergreifend radeln und eine Fähre nutzen – auf der internationalen Dollard-Route. www.dollard-route.de

TOURIST-INFORMATION /// AM HAFEN 1 /// 26844 JEMGUM-DITZUM ///
0 49 02 / 91 20 00 /// WWW.DITZUM-TOURISTIK.DE ///

# DIE FISCHERSFRAU BRINGT AAL UND BUTT

*Rheiderland – Ditzum*

51

Das Fischerdorf mit dem Muhdehafen (altfriesisch ›mutha‹ heißt Mündung) der Ems wirkt sehr typisch. Mit Mühle und Kirche formt der kleine Ort ein hübsch anzusehendes Ortsbild. Cafés mit Außenterrassen ziehen Gäste an, die durch Ditzum schlendern. Manche nutzen dann die historische Fähre über die Ems nach Petkum. Warten kann dazugehören: Es passen nur drei Autos drauf!

Zu den prägenden Persönlichkeiten des Ortes gehört Tant' Dientje. Sie steht am Hafen und hält dem Betrachter einen Teller mit Fischen entgegen. Noch mehr hat sie in den zwei Körben, die neben ihren Füßen stehen. Die Skulptur von Klaus Goedtcke liefert einen perfekten Eindruck vom Alltag vor 100 oder auch noch vor 50 Jahren. Was ihre Männer an Butt, Aal, Hering, Stint und Granat (also Krabben) an Land brachten, das trugen die Frauen in die Dörfer und bis Leer oder Emden zum Verkauf. Dazu mussten sie viele Kilometer zu Fuß zurücklegen. Die Aufgabe war nicht nur anstrengend, sie duldete auch keinen Aufschub. Sonst wäre der Fisch nicht mehr frisch gewesen und damit wertlos.

Kanäle durchziehen den Ort und die Felder. Radeln lässt sich hier wunderbar. Es sind alles Nebenwege, denn das Fischerdorf liegt abseits der großen Straßen. Deshalb nennen es die Einheimischen auch ›Endje van de Welt‹.

Mit dem Wasser verbunden ist Ditzum bis heute. Ein besonderes Erlebnis ist die Überfahrt mit der alten Fähre, früher war es eine Dampffähre. Bis hinüber nach Petkum dauert es acht bis zehn Minuten. Ein handfester Seemann kassiert auf der Emsfähre. Vorher hat er die Gäste schon eingewiesen – die Autofahrer sowieso, denn mehr als drei Autos passen nicht aufs Schiff. Manche müssen sie rückwärts befahren. Die Radfahrer bekommen ihre Anlehnplätze für die Drahtesel zugewiesen. Die Fußgänger erhalten Erklärungen über alles, was sie an Land und Leuten interessiert. Drüben lässt sich dann wieder Fisch (oder Lammfleisch) essen – im Gulfhof von Petkum.

Fischplatte im Alten Fährhaus am Hafen essen – Scholle, Kabeljau und Brataal können so lecker sein.

TOURIST-INFORMATION /// DR.-WARSING-STRASSE 79 ///
26802 MOORMERLAND /// 0 49 54 / 8 01 25 00 ///
WWW.MOORMERLAND.DE ///

# EIN LIEBENSWERTES STÜCK VOLKSKULTUR LIEGT AN DER EMSMÜNDUNG

*Moormerland*

52

Das Land der Mannen aus dem Moor – so lautet die direkte Übersetzung des Namens. Plattdeutsch wird hier sehr gepflegt. So sind Hochzeiten auf Platt zu erleben genauso wie Gottesdienste. Wer sich also in die Kirchen der elf Orte von Warsingsfehn bis Gandersum traut, fühlt sich schnell in eine frühere Zeit versetzt. Hier herrschen noch Traditionen.

Wenn der Drahtesel störrisch wird, dann kommt der Rückholservice. Das jedenfalls verspricht das Tourist-Büro vom Moormerland, wo sich die Räder ausleihen lassen. Die flache Gegend ist ideales Land für Radfahrer. Sie schwärmen aus, oft satellitengesteuert, und sehen die Schleuse in Oldersum, den Badesee in Neermoor, die Paddel- und Pedal-Station in Rorichum. Oft verlaufen die asphaltierten Wege entlang der Fehnkanäle. Dann wieder führen sie über die weißen Brücken hinüber. Schiffstouren sind auch ganz beliebt. Gemächlich tuckert der Kahn durch die Kanäle. Blumen pflücken ist während der Fahrt verboten, wäre aber gelegentlich möglich. So nahe sind die Passagiere der Ufervegetation.

Wer lieber selbst Kapitän sein möchte, kann sich auch ein Boot ausleihen. Gewässerkarten mit Schleusungszeiten und Anlegestellen liegen in der Tourist-Information aus. Sportboothäfen sind in Gandersum, Oldersum, am Sauteler Siel und an der Sieve zu finden. Die Landschaft vom Wasser aus zu entdecken, hat einen besonderen Reiz. Die Gegend ist auch für Fischgerichte bekannt. Vom Fischerhafen Ditzum wird frische Ware geliefert. Von Krabben über Räucheraal bis Heilbutt haben die Restaurants alles im Angebot, was in Meer oder See lebt. Regionale Spezialitäten wie Grünkohl, Snirtjebraten (Nackenfleisch vom Schwein) oder Speckendicken (Eierkuchen mit Speck) sind auch einen Versuch wert.

Das Moormerland nördlich von Leer ist jedenfalls ein Stück liebenswertes Ostfriesland. Hier östlich der Emsmündung Halt zu machen, heißt tief in die Volkskultur zu blicken.

☞ Das Innenleben des Emssperrwerks in Gandersum anschauen. Es ist zu buchen über Touristik ›Südliches Ostfriesland‹, 0491/91969617. www.suedliches-ostfriesland.de

PFANNKUCHENSCHIFF ›ANTJE‹ /// KANALSTRASSE NORD 82 /// 26629 GROSSEFEHN /// 0 49 43 / 22 23 /// WWW.PFANNKUCHENSCHIFF-ANTJE.NPAGE.DE ///

# MEHLSPEISEN AUF WELLEN

*Großefehn – Pfannkuchenschiff*

53

Die frischen Pfannkuchen aus der neuen Kombüse an Bord des Pannekoekenschipps ›Antje‹ schmecken wunderbar. Wer alle Varianten der Mehlspeise probieren möchte, muss allerdings Zeit mitbringen – es sind 34. Das frühere Torfschiff hat für immer nahe der großen Mühle Ostgroßefehn festgemacht und ist ein Schmuckstück. In rot, grün und weiß strahlt das Flachboot, bietet innen auf Holzbänken und an Tischen Platz zum Speisen. Auch draußen wird gern ein Kännchen Tee zum Pfannkuchen serviert. Der kann deftig mit Speck gebacken sein oder süß zubereitet, also zum Beispiel mit Marmelade belegt. Buchweizen gilt manchem als Favorit. Beliebt ist auch das Fehntjer Frühstück in zwei Varianten.

»Wir haben das ganze Jahr über offen, im Winter allerdings schließen wir schon um 17 Uhr«, erklärt Helmut Köster, der das weithin bekannte Pannekoekenschipp mit seiner Frau betreibt. Sie heißt nicht Antje, sondern Margarete. Käpt'n Helmut ist von Beruf Bäcker, aber er tourt auch als Moderator und Sänger durch die Lande. Stolz berichtet er von seinen Studioaufnahmen, zu denen auch das Lied ›Schenk mir bitte keine Rosen!‹ gehört. Margarete Köster ist Mutter von sieben Kindern, Kinderpflegerin, aber auch Amateurfunkerin. Sie ist sozusagen auf allen Wellen zu Hause, auf den Funkwellen und den Wasserwellen im Kanal, wo ›Antje‹ liegt.

Die Gäste schauen beim Essen auf den stattlichen, zweistöckigen Galerieholländer nebenan, eine Windmühle von 1804. Dort wird seit 1968 kein Korn mehr gemahlen, aber Kunst gezeigt. Eine Galerie mit Bildern befindet sich darin sowie im angrenzenden Packhaus. Doch das ist nicht der Grund dafür, dass die Mühle ›Galerieholländer‹ genannt wird. Diese Bezeichnung beschreibt eine Mühlenart, bei der sich außen eine Galerie befindet, also ein freier Rundweg mit Geländer um den Mühlenturm.

Ein Foto mit Kanal, Klappbrücke und Mühle lässt sich am besten in Westgroßefehn nördlich des Großefehnkanals schießen.

TOURIST-INFORMATION GROSSEFEHN-TIMMEL ///
AM REITSPORTCENTRUM 1 /// 26629 GROSSEFEHN-TIMMEL ///
0 49 45 / 95 96 11 /// WWW.GROSSEFEHN-TOURISTIK.DE ///

# HIER KLAPPEN NICHT NUR DIE BRÜCKEN, HIER KLAPPT DER URLAUB

*Großefehn*

54

Die weißen Klappbrücken sind typisch für die Fehnlandschaft. Die hat nichts mit Feen zu tun, obwohl sie manchem wie verzaubert erscheint. Das Gebiet um Großefehn besteht aus vielen Entwässerungsgräben. Erst als es sie gab, war es möglich, das moorige Land zu besiedeln. Zweites Wahrzeichen sind die Mühlen, weshalb die Gegend um Großefehn auch Fünf-Mühlen-Land genannt wird. Drittes Wahrzeichen ist Timmel mit seinem Meer und einer großen Reitanlage. Aufsatteln, bitte!

Reitwanderer haben hier ihr Mekka: Timmel sei Dank! In dem kleinen Ort befindet sich das Reitsport-Touristik-Centrum Ostfriesland. Da kann jeder mal im Sattel Platz nehmen. Von Kursen für Anfänger über eine Akademie bis zum gezielten, umfassenden Training auf dem Vielseitigkeitsparcours reicht die Palette. Kein Wunder, dass es hier genügend Reitwege gibt. Gemütlich in einer Kutsche Platz nehmen – das geht auch. Es werden regelmäßig Touren angeboten. Der Ausblick aus drei Metern vom Dach der Europa-Kutsche ist dann das besondere Erlebnis. Sie fährt zum Beispiel durch das Königsmoor zum Wallhecken-Zentrum nach Leer. Unterwegs wird ein Picknick eingelegt.

Über das Timmeler Meer (wieder so ein ostfriesischer See) tuckert die MS Gretje bei ihrer zweistündigen Tour. Zur Mittsommernacht am 21. Juni tanzen dort Nymphen, Elfen und Hexen. Lichtschiffchen treiben auf dem Wasser. Dazu ertönen Harfenklänge.

Die Reise durch die 14 herausgeputzten Dörfer von Großefehn führt immer auch zu mindestens einer der fünf Mühlen. Im Galerie-Holländer von Bagband wird sogar noch im Backhaus Brot gebacken. Doch es sind auch die Kanäle, die wie blaue Bänder das grüne Land durchschneiden, die einen so beeindrucken. Auch die alten Schleusen gehören dazu. Diese romantischen Elemente der Landschaft dienen manchmal noch ihrem alten Zweck und regulieren den Wasserfluss. Das Fehngebiet ist tatsächlich zauberhaft!

Rad-Route ›van Dörp to Dörp‹ führt zu den schönsten Dörfern. www.von-dorf-zu-dorf.de

# AM BESTEN ERST MAL EINE HERRENKUGEL KAUFEN

*Boßelkugelbauer Heinrich-Jürgen Eden*

8/11

Heinrich-Jürgen Eden ist einer der wenigen, die Boßelkugeln für den Friesensport noch aus Holz herstellen. Boßeln ist Kegeln auf dem Feldweg ohne Kegel. In seiner Werkstatt in Mittegroßefehn, die schon sein Großvater 1910 gründete, drechselt er, was das tropische Guajakholz (auch Pockholz genannt) hergibt. Er hat viel zu tun.

**Frage:** Meister Eden, welche Kugelgrößen haben Sie denn im Angebot?
**H.-J. Eden:** Das ist ganz einfach. Die Herrenkugel hat zwölf, die Damenkugel elf und die Jugendkugel zehn Zentimeter Durchmesser. Das ist so vorgeschrieben. Aber fragen Sie nicht, woher das kommt. Auch mit den Regeln beim Boßeln kenne ich mich nicht so gut aus.
**Frage:** Beschreiben Sie lieber, wie so eine Kugel entsteht.
**H.-J. Eden:** Ich spanne das Pockholz – es kommt aus Nicaragua, Mexiko oder der Dominikanischen Republik – in die Drechselbank. Die Maschine mit dem scharfen Stahl fräst den Rohling, den ich von Hand führe. Mit der Handsäge trenne ich die beiden kleinen Stümpfe rechts und links ab, die stehen geblieben sind. Dann wird an der Bandschleifmaschine geschliffen und Mattlack aufgetragen. Fertig. Alles Handarbeit.
**Frage:** Wenn sie später mal kaputt geht, können Sie sie nachdrehen?
**H.-J. Eden:** Ja, deshalb empfehle ich immer: erst mal die Herrenkugel kaufen, die können Sie noch zweimal abdrehen lassen.
**Frage:** Perfekt. Dann laufen bestimmt auf der ganzen Welt Ihre Kugeln, denn Ostfriesen bevölkern ja viele Landstriche.
**H.-J. Eden:** Ja, das stimmt. Aber wo die Kugeln überall sind, das weiß ich wirklich nicht. Ich verkaufe sie ja an den Großhändler in Hamburg.
**Frage:** Machen Sie auch Klootkugeln zum Klootschießen, das im Winter auf den Äckern ausgetragen wird?
**H.-J. Eden:** Klar, dazu sind sechs verschiedene Bohrungen nötig. In jedes Gießloch kommt flüssiges Blei. Die schwersten haben 475 Gramm. Das mache ich alles selbst hier in der Werkstatt. Jetzt muss ich aber weitermachen.
**Frage:** Noch eine Frage: Spielen Sie denn auch selbst?
**H.-J. Eden:** Nein.

KLOSTERSTÄTTE IHLOW /// ZUM FORSTHAUS 1 /// 26632 IHLOW ///
0 49 29 / 8 91 01 /// WWW.KLOSTER-IHLOW.DE ///

# DAS KLOSTER AUS STAHLBEINEN

*Ihlow*

55

Der Name kommt von Yl-loh und heißt Eibenwald. Eine Schar von Mönchen mauerte mitten in dem Forst Backstein für Backstein ein Gotteshaus auf. Es wurde gigantisch. Die Zisterzienser brachten den Glockenturm auf 45 Meter Höhe. Damit überragte er alle Baumwipfel ringsum. Kultur, Handwerk und Wissenschaft prägten das Leben der Mönche – bis die Reformation kam.

Unten, ganz tief unter den Fundamenten des ehemaligen Zisterzienserklosters Ihlow, öffnet sich dem Besucher ein ›Raum der Spurensuche‹. Es geht um das 1228 gegründete Kloster Ihlow, das damals von den 28 Klöstern Ostfrieslands das bedeutendste war. Landwirtschaft, Wasserbau, Handwerk, Kultur und Politik, natürlich auch Religion erfuhren von hier entscheidende Impulse. Es war die größte Kirche zwischen Bremen und Groningen – 68 Meter lang, 35 Meter breit. Im ›Raum der Spurensuche‹ erfährt man noch mehr. Es geht um Europa, das Christentum und Funde. Lesungen und Konzerte werden hier abgehalten. Oben dagegen, im Dachreiter in 30 Metern Höhe, der sich über Treppen mühelos erreichen lässt, sieht die (Erkenntnis-) Welt schon wieder anders aus. Weite Landschaft, ein 350 Hektar großer Wald (früher ein Eibenwald) und der Himmel öffnen sich.

Die Klosterstätte Ihlow ist ein Ort der Inspiration und Imagination. Viel entsteht durch die Vorstellung, wie es hier 300 Jahre lang bis 1529 zuging, als das Kloster als Folge von Reformation und Säkularisation zerstört wurde. Den prächtigen Altar schleppte man ins benachbarte Aurich. Das gute Stück von 1510 steht jetzt in der Lambertikirche. Auch die Idee, ein Kloster durch Stahlbeine und Holz teilweise in seiner früheren Größe nachzubauen, löst Faszination aus. Das Gewölbe-Ensemble aus Altarraum und Querhaus entstand 2005 bis 2009. Ein Klostergarten wurde angelegt. Und in einem alten Backhaus wird öfter wieder ein schmackhaftes Brot gebacken.

Kloster-Café im Alten Forsthaus – auf der Terrasse bei Kaffee und Kuchen ans Klosterleben denken oder den Kindern beim Spielen zusehen.

MOORMUSEUM MOORDORF /// VICTORBURER MOOR 7 A ///
26624 SÜDBROOKMERLAND /// 0 49 42 / 27 34 ///
WWW.MOORMUSEUM-MOORDORF.DE ///

# DIE SONNENSCHEIBE STAMMT VON 1300 VOR CHRISTUS

*Südbrookmerland – Moordorf*

56

Wenn schon das Dach mühsam mit Gras-Torfsoden gedeckt wird, lässt das auf eine größere Armut der Bewohner schließen. In Moordorf westlich von Aurich steht das beeindruckende Moormuseum. Darin wird jedem schnell klar, wie mühsam es war, hier vor 200 Jahren Fuß zu fassen. Der Torfboden ständig feucht, da blieb den Menschen wenig Freude, hier Essbares anzubauen. Doch heute ist alles anders.

Torf graben, das war nach der Entwässerung des Moorbodens das Tageswerk. Vom Verkauf des Naturprodukts lebten die Menschen. 1910 aber stießen die Moordorfer beim Abtorfen plötzlich auf etwas Hartes. Eine Skulptur kam ans Tageslicht – die Goldscheibe von Moordorf. Diese Sonnenscheibe stammt aus der Bronzezeit zwischen 1500 und 1300 vor Christus, wie Forscher bald feststellten. Jetzt liegt sie – wie das bei Sensationsfunden oft ist – weit entfernt. Das Niedersächsische Landesmuseum in Hannover ziert sich mit der Trophäe. Sie beweist: Schon während der Nordischen Bronzezeit kamen Stämme in dieses Gebiet. Sie waren nicht sesshaft. Ihre Wege führten sie meist durch Südskandinavien. Warum sie diese Sonnenscheibe zurückließen, ist bisher nicht bekannt.

Doch das Moormuseum baut auf Fakten. In stilecht nachgebauten Lehmhäusern wird gezeigt, wie damals gewohnt, gearbeitet und getanzt wurde. An Aktionstagen kann jeder sogar selbst Hand anlegen und erfahren, wie man Stroh flechtet oder Besen bindet. Ein Bohlenweg führt durchs Hochmoor zu einer Aussichtsplattform, von dem aus Pflanzen wie Sonnentau zu sehen sind. Aber dann sind auch frischer Ostfriesentee, Kluntjes und Pfannkuchen bereit, denn niemand soll so darben wie die Leute im Moor vor 200 Jahren.

Alle, die noch mehr über alte Haustierrassen und das Bauernleben erfahren möchten, fahren in den Woldenhof Wiegboldsbur. Es sind nur ein paar Kilometer Richtung Südwesten. Dann sehen sie den Schulbauernhof für Kinder mit einem großen Bauerngarten. Wieder ein schöner Rastpunkt!

Matjesfest in Moordorf ist immer Ende Mai oder Anfang Juni – ein Leckerbissen!

SÜDBROOKMERLAND TOURISTIK /// AM GÄSTEHAFEN 1 ///
26624 SÜDBROOKMERLAND /// 0 49 42 / 56 66 ///
WWW.GROSSESMEER.DE ///

# MEHR MEER GEHT KAUM IN OSTFRIESLAND

*Südbrookmerland – Großes Meer*

57

Zwischen Emden, Aurich und Norden liegt das Südbrookmerland. ›Brok‹ geht auf die moorige Bruchlandschaft zurück. Dieser Westrand des ostfriesischen Geestrückens (Sand aus der Eiszeit) war kaum besiedelt. Heute tummeln sich im touristischen Zentrum die Wassersportler: Das Große Meer ist mit 4,6 Quadratkilometern der größte Binnensee Ostfrieslands. Das Kuriose: Der Wasserstand liegt 1,4 Meter unter dem Meeresspiegel.

Eine Surferin nutzt den Abendwind. Sie lässt sich am Griff ihres Segels über das Große Meer ziehen. Die kleinen Wellen glitzern silbern. Näher am Ufer strampeln sich zwei Urlauber auf Katamaran-Fahrrädern ab. Schnell und kippsicher – das versichern die Verleiher. An Land ist das dumpfe Ploppen vom Hochschlagen des Balles beim Beachvolleyball zu hören. Dazu ein ›Joh!‹. Das macht Freude.

Das Südbrookmerland ist eine Freizeitregion ersten Ranges. Schon der Name klingt nach bodenständigem Ostfriesland. Hier liegt die Mitte, wenn nicht gar das Herz der Gegend. Städte sind fern. Natur ist nah. Der Südteil des Großen Meeres steht unter Naturschutz. Eine Röhrichtverlandungszone breitet sich aus. Hier beziehen die Vögel ihr Stammrevier. Rohr- und Kornweihe, Rohrdommel, Uferschnepfe, Kiebitz und Schilfrohrsänger haben hier ihre Heimat. Im Winter legen Grau- und Blässgänse einen Zwischenstopp ein. Doch Radfahrer dürfen auch kommen. Ein Rundweg führt an drei Meeren vorbei – das sind die Seen hier. Neben dem Großen geht es zum Kleinen und zum Loppersumer Meer. Dabei ist sogar eine Pünte (alte handgezogene Fähre) im Einsatz, was den Erlebniswert so einer Tour enorm steigert.

Ferienhäuser sind in der Region noch günstig zu mieten, sodass für Wasserfreunde und Wanderer hier ein ideales Rückzugsgebiet entstanden ist. Trubel können sie auch haben – etwa beim Sommerfest an der Paddel- und Pedal-Station Anfang August.

In Suurhusen steht der schiefste Turm der Welt – er neigt sich mehr als der Turm in Pisa.

WINDKRAFTANLAGE WESTERHOLT /// IM GEWERBEGEBIET 11 ///
26556 WESTERHOLT /// 0 49 77 / 26 48 20 ///

# DIE ANTWORT LIEFERT DER WIND – SCHON LANGE

*Harlingerland*

58

Häuptling Sibet Attena regierte im 15. Jahrhundert das Harlingerland, das er zuvor geeint hatte. Es breitet sich rund um Esens und Wittmund aus. Der Kirchenkreis Harlingerland hat sein Zentrum in Esens, der ›Anzeiger für Harlingerland‹ seinen Sitz in Wittmund. Es ist eine gemütliche Gegend mit viel Landwirtschaft und Windrädern.

Weil hier oft der Wind weht, bauten die Menschen früher Windmühlen. Davon stehen noch einige im Harlingerland. Inzwischen sind es noch mehr Windräder, die ›den Wind einfangen‹. Im Windpark Holtriem in Westerholter Gewerbegebiet lässt sich eines der 35 Windräder sogar besteigen. Wer die Wendeltreppe hinaufgeklettert ist, wird oben zunächst durchatmen müssen. 297 Stufen verlangen schon etwas Kondition. Dann wird der Besucher von der Geräuschkulisse erstaunt sein. Ein Motor macht Krach, zumindest, wenn er den Kopf der Anlage gerade in den Wind dreht. Weht es etwas stärker, vibriert das 65 Meter hohe, weiße Gerät auch leicht. Die 30 Meter langen Flügel rauschen an den Fenstern vorbei. Es ist ein beeindruckender Moment, von hier ins Harlingerland zu schauen und gleichzeitig das Gefühl zu haben, hier wird klimaschonend Strom erzeugt. Grüne Energie lieferte Ostfriesland schon lange, bevor es so hieß. Die naturverbundenen Menschen setzen auf Wind, ob es beim Getreidemahlen ist oder beim Segeln durch die Kanäle und das Wattenmeer. Auch artgerecht Tiere zu halten, ihre Produkte von der Milch über das Fell bis zum Fleisch zu nutzen, gehört hier zum Standard. Das Harlingerland liefert dafür viele Beispiele. Die einzelnen Bauernhöfe öffnen da auch gern die Tore, um zu zeigen, wie gesund es bei ihnen in Ackerbau und Viehzucht zugeht. Die Dorfgasthöfe bieten dann die passende Kost aus regionalen Produkten dazu – lecker!

In Nenndorf lässt sich die Torfbrandziegelei besichtigen. Sie liefert seit 1896 Ziegel, wofür der Ton aus der Nähe kommt. www.holtriem.de

WANGERLAND TOURISTIK IM NATIONALPARK-HAUS ///
KIRCHSTRASSE 9 /// 26434 MINSEN ///
0 44 26 / 90 47 00 /// WWW.WANGERLAND.DE ///

# DIE FRAU AUS DEM MEER RÄCHTE SICH MIT EINER STURMFLUT

*Wangerland – Minsen*

59

Wer das Seewiefken nicht kennt, hat das Wangerland nie gesehen. Die Meerjungfrau ziert das Wappen der Region nördlich von Wilhelmshaven und ist so etwas wie die Regionsheilige. Ihren Ursprung hat sie in Minsen, das 1972 im damals gegründeten Wangerland aufging. In Minsen-Förrien reckt sich die barbusige Sagengestalt stolz in den Himmel; ihren Fischschwanz hält sie artgerecht Richtung Nordsee.

Es sollen die Fischer von Minsen gewesen sein, die einst die Meermaid an Land zogen. Sie hielten sie gegen ihren Willen fest. Diese Freiheitsberaubung wollten sie damit rechtfertigen, dass die junge Frau ein umfangreiches Heilwissen besaß. In Minsen und Umgebung grassierten damals – es war etwa die Zeit kurz nach der Entdeckung Amerikas durch Kolumbus – tödliche Krankheiten. Die kluge Nixe aber entwischte ins Meer. Tags darauf schickte sie eine verheerende Sturmflut, die den Ort wegwusch. Übrig blieb die Sandbank Minsener Oog. Sie liegt heute noch als unbewohnte Insel vor der Küste, etwa zwei Kilometer südöstlich von Wangerooge. Doch die Bronzeskulptur ist das einzig Handfeste der Sage. Sie steht in Minsen-Förrien. Viele Radler halten auf ihren Touren dort und fotografieren sich gegenseitig mit der jungen Dame.

Das Wangerland ist reich an Sagen. Es war schon früh besiedelt, denn Jever bezog seine Waren über das Hooksieler Tief, eine Wasserverbindung zur Jade. Schon 1860 eröffnete in Schillig an der Nordostkante der ostfriesischen Halbinsel das Strandbad. Sand spülte nach jeder Sturmflut mehr an. Die Strömung meinte es gut mit Schillig, weniger gut mit Wangerooge. Dort ging der Sand verloren. Ob von dieser natürlichen Art der Sandaufspülung eine alte Rivalität der Wangerländer mit Wangerooge herrührt, weiß man nicht. Böse Zungen behaupten heute noch, die ostfriesische Insel sei nichts weiter als Küstenschutz für ihr Land. Doch Minsen hat ein frisch renoviertes Nationalpark-Haus – und das ist die erste Anlaufstelle für Nixen.

Buttermilch mit Zimt und Sanddornkuchen gibt es in Hanny's Radlercafé in Horum. www.hannys-radlercafe.de

TOURIST-INFORMATION /// HOHE WEG 1 /// 26434 HOOKSIEL ///
0 44 25 / 9 58 00 /// WWW.WANGERLAND.DE ///

# SCHWARZ-WEISS-GRÜN – DIE MARSCH BERUHIGT DAS GEMÜT

*In der Marsch*

60

Damit aus dem Watt eine Marsch wird, ein Schwemmland, muss die Fläche höher liegen als der mittlere Tidenhub. Das heißt: Sie muss trockengelegt worden sein. Deiche werden gebaut, Kanäle gezogen. Viele Quadratkilometer Ostfrieslands bestehen aus Marschland. Es liegt nördlich der eiszeitlichen Geestrücken um Aurich und Wittmund. Es liegt südlich des Wattenmeersaums an der Küste.

Beim Radeln oder Wandern durchs Norderland und Harlingerland fallen dem Gast oft die weiten grünen Flächen auf. Sie sind nicht selten bevölkert von den schwarz-weiß gefleckten Kühen. Windräder zur Stromgewinnung drehen sich. Hinter Baumgruppen ducken sich oft rote Dächer. Das sind ganze Siedlungen oder einzelne Bauernhöfe. Kreuz und quer durchs Marschland, das sich in Jahrhunderten gebildet hat, verlaufen Entwässerungsgräben. Die Menschen haben sie ausgehoben, denn nur so lässt sich der feuchte Boden entwässern. Die Deiche schützen das Marschland vor dem Meer. Regen- und Flusswasser hat die Böden entsalzt. Sie haben viele Mineralstoffe angereichert, deshalb sind sie so fruchtbar. Seit mehr als 1000 Jahren leisten die Ostfriesen da ganze Arbeit. Sehr viele Quadratkilometer haben sie so an Äckern und Weiden gewonnen. Was jünger als 300 bis 900 Jahre ist, nennt sich Jungmarsch. Die älteren sind Altmarschen.

Man muss sich diesen enormen Landgewinn nur vorstellen, die sprießenden Ackerpflanzen darauf und die gesund aussehenden Tiere. In diese Kulturlandschaft einzutauchen, ihre Gerüche zu genießen, den Anblick der satten Farben zu erleben, das bedeutet Entspannung. Die ruhige, ruhende Marsch beruhigt das Gemüt. Sie schafft durch ihre Natürlichkeit eine seelische Ausgeglichenheit, die den Puls herunterfährt. Dazu kehrt der Urlauber beim nächsten ›Melkhuske‹ ein und erfrischt sich mit den örtlichen Milch- und Sahnegerichten. Tee, Kuchen und ein paar Sätze ostfriesisches Platt gehören auch dazu.

Übernachten im Heuhotel – viele Bauern bieten diese naturnahe und sparsame Art zu schlafen an. www.heuhotel.de

WANGERLAND TOURISTIK /// ZUM HAFEN 3 /// 26434 HORUMERSIEL ///
0 44 26 / 98 70 /// WWW.WANGERLAND.DE ///

# OB AM STRAND ODER IM WIND ÜBER DEM MEER: TRAUT EUCH!

*Wangerland – Schillig*

61

Auf dem Campingplatz von Schillig treffen sich die Generationen. Hier waren schon drei von manchen Familien zu Gast. Das Stück Strand ist für viele alles. Neuerdings dient es unter einer kleinen Pagode auch für Trauungen. Manche reisen dazu in der Pferdekutsche an. Andere vor Schillig trauen sich etwas anderes zu: Kitesurfen, die neue Art, die Nase in den Wind zu halten.

Von 50 Trauungen pro Jahr am Strand berichten die Einheimischen. Sich mit Sand unter den Füßen das Ja-Wort zu geben, scheint tatsächlich immer beliebter zu werden. Dabei ist diese Art, sich zu trauen oder trauen zu lassen, ganz neu im Wangerland. Der Standesbeamte muss sich jedoch vorher vom rechtmäßigen Zustand der Kleidung überzeugt haben. Das strenge Auge des Gesetzes duldet keinen Bikini, keine Sommerlatschen oder einen Taucheranzug für den Moment der Eheschließung. Unter freiem Himmel ist der rechtliche Akt auch nicht erlaubt, weshalb eine kleine Pagode aufgestellt wird. Stilecht reisen Brautleute manchmal auch in der Pferdekutsche an. Das Spektakel wird von Umstehenden gern gefilmt und beklatscht. Eine Hochzeit am Strand ist sicherlich ein unvergessliches Erlebnis.

Ebensolche Momente schaffen sich auch die Kitesurfer. Sie halten ihr Segel in den Wind, klicken das Seil in ihren Gurt, in dem sie festgezurrt sind, und schon zieht sie eine natürliche Kraft hinaus in die Jade. Da sind allerdings die großen Schiffe unterwegs. Doch Kitesurfer können schnell wenden. Manche bringen es auf die beliebte Luftrolle. Hier am Strand zuzuschauen, ist ebenfalls bei den Gästen beliebt. Kenner bringen sich ein Fernglas mit. So schön können die Sprünge, Rollen und Abstürze der Wassersportler sein. Dem Wind sei Dank.

Schillig hat einen der größten Campingplätze in Deutschland. Hier die Sommertage zu verbringen, das hat für manche Familien Tradition seit drei Generationen.

Ausflugsfahrt mit der ›Jens Albrecht‹ zu den Seehundsbänken oder zur großen Jaderundfahrt.

TOURIST-INFORMATION /// HOHE WEG 1 /// 26434 HOOKSIEL ///
0 44 25 / 9 58 00 /// WWW.WANGERLAND.DE ///

# DAS DORF MACHT DAS RENNEN IN DER FAMILIENGUNST

*Wangerland – Hooksiel*

62

Der Name Hook ist schnell erklärt – es ist ein Haken, eine Nase, ein Vorsprung. Einst war es der Hafen für Jever. Die Packhäuser dienen heute als Ferienwohnungen und Hotels. Das Kopfsteinpflaster besteht noch. Schilder künden von den Höhen, zu denen sich die Flutwellen hier schon oft auftürmten. Heute ist der Wasserstand konstant. Das Hooksmeer, vier Kilometer reinste Segel-, Surf- und Wasserskifreude, ist eingedeicht. Der Ort zeigt sich als beliebtes Ziel für günstigen Familienurlaub.

Der Alte Hafen mit den Packhäusern, in denen früher Salz, Pfeffer, Tabak oder Fisch gelagert wurden, steht unter Denkmalschutz. Hafenfeste werden hier gefeiert. Ein altes Schiff ziert den Kai. Schilder geben Auskunft, wie hoch hier schon oft das Wasser stand (bei Sturmflut). Ein Muschelmuseum zeigt Raritäten unter den kalkigen Behausungen des Meeres. Das schmucke Künstlerhaus mit Zwiebelturm zieht immer wieder bekannte Maler an. Die Ausstellungen sind sehenswert. Auch die Trabrennen auf der Rennbahn im Juli und August ziehen viele Besucher an. Das Spektakel setzt auf Unterhaltung. Bunte Hüte bei den Frauen gehören dazu.

Der Ort bietet viele originelle Ideen. Er hat moderate Preise. Er liefert auch einmal im Jahr Schollenbraten im Wattenmeer. Dann bauen die ›Seesterne‹, so heißt der Zusammenschluss der Köche aus dem Wangerland, bei Ebbe ihre Grillstationen im Watt vor der Küste auf. Die Zeit läuft, denn spätestens, wenn die Gäste knietief im Wasser stehen, muss Schluss sein mit dem Verzehr. Essen unter Zeitdruck kann man das trotzdem nicht nennen, denn es bleiben rund sechs Stunden bei Niedrigwasser. Der Abstand von Flut zu Flut sind zwölf Stunden und 25 Minuten.

Hooksiel hat, was Familien lieben – Sand, Wiesen, ein Hallenbad mit Wellen und Meerwasser, eine Spielscheune mit einer 44 Meter langen Wellen-Rutsche, Camping, eine Wasserskianlage, ein Leistungszentrum See-Segeln, eine Strandsauna und auch einen FKK-Strand.

Hooksieler Renntage – die Zuschauer sitzen auf einem Deich und können verfolgen, wie die Pferde beim Trabrennen die Nüstern vorn haben wollen. www.hooksieler-rennverein.de

BOOTE

## NACH 15 MINUTEN BEGINNT DIE FREIHEIT

*›Paddel und Pedal‹-Chefs Siegfried Kaiser und Arno Ewen*

Während Sigi den ostfriesischen Fahrrad- und Kanuverleih ›Paddel und Pedal‹ mit 21 Leihstationen als Mann der ersten Stunde von 1996 bis 2015 betreute, legt sich nun sein Nachfolger Arno bei dem Kultbetrieb ins Zeug.

**Frage:** Worin liegt der Zauber von ›Paddel und Pedal‹?
**S. Kaiser:** 15 Minuten auf dem Wasser und du bist frei im Kopf. Du tauchst ein in unsere wunderbare Natur, genießt die Stille beim Paddeln. Großartig.
**A. Ewen:** Selbst kleine Kinder sind so fasziniert vom Paddeln und Beobachten, die sind still – Sechs- bis Achtjährige. Unglaublich, oder? Für die ist auch das Schlafen im Tipi toll, und für alle natürlich das Feiern an den Stationen mit Grill und Musik.
**Frage:** Lässt sich Paddeln schnell lernen?
**S. Kaiser:** Die meisten brauchen eine halbe Stunde, dann können sie die Einweisung praktisch umsetzen und beherrschen das Kanu. Manche machen allerdings auch Kreuzfahrt – sie kreuzen von einem Ufer zum andern.
**A. Ewen:** Paare, die testen wollen, ob sie zusammenpassen, sollten paddeln. Da zeigt sich schnell, ob sie gemeinsam vorankommen.
**Frage:** 28.000 Tagesgäste im Jahr, 305 Boote, 600 Fahrräder – wie halten Sie die Ausrüstung und sich fit?
**S. Kaiser:** Ein kleines Team hilft. Und im Winter muss alles repariert werden. Mich halte ich jetzt im Ruhestand mit Kunst aus alten Eisenteilen fit, die schmiede ich zusammen.
**A. Ewen:** Wir bieten Vielfalt bei Rädern, Kajaks und Kanus. Jeder findet bei uns das Richtige. Und den richtigen Ort, die richtige Strecke. Ich paddele ja selbst gern, 80 Kilometer habe ich locker hinter mir.
**Frage:** Bewegende Momente?
**S. Kaiser:** Wenn wir Menschen mit Behinderung ins Boot setzen und die loslegen, laufen bei denen oft die Freudentränen. Da bin ich selbst ganz gerührt. Sie merken, sie können auch paddeln.
**A. Ewen:** Gast legt an Steg an, steigt zur falschen Seite aus und liegt im (60 Zentimeter flachen) Wasser. Lachtränen.

KURVERWALTUNG NORDSEEBAD DANGAST ///
EDO-WIEMKEN-STRASSE 61 /// 26316 VAREL/DANGAST ///
0 44 51 / 9 11 40 /// WWW.DANGAST.DE ///

# DANGAST LIEBT SEINE KÜNSTLER

*Jadebusen*

63

An den östlichen Rand der ostfriesischen Halbinsel schwappt das Jadewasser – zumindest bei Flut. Der 160 Quadratkilometer große Jadebusen fällt regelmäßig bei Ebbe in großen Teilen trocken. Am Südrand hat sich in einem kleinen Ort – Dangast – eine Künstlerkolonie etabliert. Sie ist mit Namen wie Karl Schmidt-Rottluff verbunden, Max Pechstein und Franz Radziwill aus der ersten Hälfte des 20. Jahrhunderts.

Rhabarberkuchen im Alten Kurhaus von Dangast – das ist die Krönung des Besuchs in dem Künstlerort und gilt schon als Kult. Legendär sind auch die Frühstücksbüfetts. Hier ist am Wochenende die bunte Welt der Künstler vertreten, Menschen aus allen Gesellschaftsschichten lassen sich blicken und genießen dabei Kunst und Meer. Wegen seiner kreativen Ruhe wurde Dangast zwischen 1907 und 1912 bei den Malern Karl Schmidt-Rottluff, Erich Heckel und Max Pechstein beliebt. Die Expressionisten der Künstlergemeinschaft ›Die Brücke‹ verbrachten hier ihre Sommer und schufen ihre plakativen und farbenfrohen Ölbilder. Franz Radziwill lebte von 1923 bis 1983 in Dangast. Sein Wohnhaus in der Sielstraße dient heute als Kunstmuseum.

In dem südlichsten Nordseebad, 1804 gegründet, kann jeder über die Kurverwaltung Malkurse buchen. Auch Verbindungen von Kunst und Küche, zur Lyrik oder Fotografie sind im Angebot. Jederzeit offen steht der Kunstpfad. Er führt am Bockhorner Watt entlang, das zum Jadebusen gehört. Dort am Sandstrand gemütlich auf einer Bank zu liegen, zu dösen oder zu lesen, das ist kein Kunstprojekt, sondern ganz normale Entspannung vom Typ Dangast. Etwas weiter steht ein Thron aus Holz und Eisen im Watt. Es ist Kunst zum Hineinsetzen, denn jeder darf sich in den ›Kaiserstuhl‹ von 1984 lümmeln und träumen.

So tut sich der Ort mit einem satirischen Weihnachtstheater und Wattgolfen hervor. Manche laufen sogar mit Wattführern hinaus bis zum Leuchtturm Arngast. Er wurde 1909 auf einer Sandbank im Jadebusen errichtet und ist wegen seiner rot-weiß-roten Bemalung weithin zu sehen.

Auf dem Skulpturenpfad ›Die sieben Tage der Schöpfung‹ von Mariensiel bis Dangast gehen und auf den Jadebusen sehen.

PADDEL UND PEDAL /// BORGWEG 1 ///
26446 FRIEDEBURG /// 0 44 21 / 98 76 91 ///
WWW.PADDEL-UND-PEDAL.DE ///

# PADDELN AUF DEM EMS-JADE-KANAL IST EINE LUST

*Friedeburg*

64

Sie nennt sich Paddel- und Pedal-Station. Sie liegt nördlich von Friedeburg am Ems-Jade-Kanal und ist eine von 22 in ganz Ostfriesland. Da werden Kanufahren und Radeln erlebnisreich miteinander kombiniert. In Friedeburg steht sogar ein Tipi, ein Indianerzelt zum Übernachten. Der Ort hat eine Porzellanmanufaktur, und man kann gemütlich von Russland nach Amerika gehen – es sind nur ein paar Kilometer.

Er hieß schlicht ›der Russe‹. Der Bauer, dem der heutige Ortsteil Friedeburgs seinen Namen verdankt, wirkte etwas robust und hatte gegen unwegsames Land und Moor zu kämpfen. Daher der Name ›Russland‹. ›Amerika‹ liegt nebenan, in Heselerfeld. Dieser Ortsteil war im 19. Jahrhundert noch nicht erschlossen, die Kolonisten betraten Neuland, wie in Amerika. Heute stehen am Amerikaplatz ein Totempfahl und eine Grillhütte.

Wie Indianer fühlen können sich auch die Paddel- und Pedal-Ritter in Friedeburg. Ein Tipi ist an der Station nördlich des Ortes am Ems-Jade-Kanal zum Übernachten aufgeschlagen. Bogenschießen wird veranstaltet, ein Grillabend gehört zum Programm, das sich buchen lässt. Mit dem Kanu in die eine Richtung, mit dem Rad zurück – so entstehen Lustreisen. Der Ems-Jade-Kanal ist als stehendes Gewässer selbst für Paddler mit schwachen Oberarmen gut zu bewältigen.

Der Kanal verbindet die Ems bei Emden im Westen mit dem Jadebusen bei Sande im Osten. Er wurde schon 1880 bis 1888 gebaut und diente nicht nur zum Entwässern des Marschlandes. Auf ihm gelangten Torf, Ziegel, Fisch und Weizen an die Abnehmer. Auf den rund 72 Kilometern sind 26 Klappbrücken angebracht. Freizeitkapitäne mit größeren Schiffen rufen vor ihrer Tour beim Brückenwart an, der mit seinem Moped dann vorauseilt, um die Straße zu sperren und die Brücke zu heben.

Für Kanuten eignet sich der Kanal, weil er nicht tief in der Landschaft liegt. So reicht der Blick weit ins Flachland. Ein Traum aus blauem Himmel, weißen Wolken und grünem Gras!

Ostfrieslands einzige Porzellanmanufaktur besuchen – bei Firma Blume in Friedeburg mit Tee und Kuchen, anmelden unter 04465/94600.

AMMERLAND TOURIST-INFORMATION /// AMMERLANDALLEE 12 ///
26655 WESTERSTEDE /// 0 44 88 / 56 30 00 ///
WWW.AMMERLAND-TOURISTIK.DE ///

# RADELN DURCH EINE PARKLANDSCHAFT – DAZU RÄUCHERAAL UND BIER

*Ammerland*

65

Rund ums Zwischenahner Meer breitet sich eine riesige Parklandschaft aus. Auf 2.600 Hektar sind hier mehr als 350 Baumschulen anzutreffen. Das gelingt am besten per Fahrrad. 18 Themenrouten liegen, ausgearbeitet von der Ammerland Touristik, in Heftform vor. Besonders die Rhododendren sind zu bewundern. 90 Prozent dieser Art in Deutschland wachsen hier, denn sie lieben mageren Boden und das mild-feuchte Klima.

Im rustikalen Gasthof ›Der Spieker‹ in Bad Zwischenahn soll ein Gast 1995 innerhalb von zwei Stunden 16 Räucheraale verzehrt haben. Er überlebte. Angeblich ging es ihm sogar gut hinterher. Die Fische sind typisch für das Ammerland, und warum soll man sich erst welche einpacken? Zur besseren Verdauung trinken die Einheimischen dazu einen klaren Schnaps, allerdings aus Zinnlöffeln. »Smoortaal mit Löffeltrunk« lautet die fachmännische Bestellung. »So konnte man unauffällig einen heben«, erläutert der Wirt den Ursprung der Sitte. Geräucherter Schinken ist die andere Delikatesse der Gegend, die auch gern serviert wird. Am Kaminfeuer sitzen in einem der alten Bauernhäuser, die als Speiselokal umgebaut sind, das gehört einfach dazu.

Für Radler, die auf den Themenrouten das Ammerland erkunden, ist meist der ›Park der Gärten‹ eine Station. Es ist eine Art ständige Gartenschau von April bis Oktober. In 42 Themengärten holen sich die Besucher Anschauungsunterricht, wie sie ihr Grün zu Hause verschönern können. Es gibt ein ständiges Gärtnertelefon, an dem die Experten auch jede noch so abwegige Frage zu dem liebsten Hobby klären. Es laufen Lesungen, Volkstheater und Präsentationen im Park.

Im Mai und Juni verwandeln die Rhododendren, die hier bis zu fünf Meter hoch werden, das Ammerland in ein Blütenmeer.

Absteigen im ›Park der Gärten‹ in Bad Zwischenahn, wo 42 Themengärten neue Anregungen für Gartenfreunde liefern. Elmendorfer Straße 40, 26160 Bad Zwischenahn. www.park-der-gaerten.de

# ES SIND ALLES MEINE LIEBLINGE

*Baumdoktor Jürgen Braukmann*

10/11

Als ›Baumdoktor‹ blickt der 67-Jährige auf ein Leben zurück, das mit viel Grün und Wachstum zu tun hat. Der Ammerländer Sachverständige für Baumpflege, Baumdynamik und Verkehrssicherheit hat schon viele Bäume gerettet. Sein eigener Lebensraum klingt auch göttlich: Die Straße zu seinem Haus heißt ›Im Himmel 7‹.

**Frage:** Wie viele Bäume haben Sie schon gepflanzt und auf welchen sind Sie besonders stolz?

**J. Braukmann:** Es waren rund 62.000 Stück. Hier, das ist eine etwa 650 Jahre alte Eiche bei Rastede (zeigt auf sie). Die habe ich als junger Mann schon geheilt. Sie lebt immer noch. Dann liebe ich die Thomas-Reiter-Eiche. Die habe ich beim Rasteder Rathaus mit unserem Bürgermeister und dem Raumfahrer Thomas Reiter nach seinem einjährigen Aufenthalt auf der Raumstation ISS gepflanzt.

**Frage:** Wie heilen Sie Bäume und wie erkennen Sie, dass es einem Baum schlecht geht?

**J. Braukmann:** Ein Baum zeigt seinen Vitalitätszustand zuerst an dem Kronenbild. Man untersucht dann das Baumumfeld und die Wurzeln. Auf diese Weise ›spricht‹ der Baum mit mir. Je nach Ergebnis heile ich mit Bodenluftaustausch, Alginaten – das sind Stützen für die Zellwand – und Mykorrhizapilzen. Aber in Maßen: Schocktherapie geht gar nicht!

**Frage:** Gibt es einen Lieblingsbaum für Sie? In Ihrem fünf Hektar großen Garten wachsen ja viele Arten. Sie gelten als ›Baumfanatiker‹.

**J. Braukmann:** Einen Lieblingsbaum gibt es für mich nicht, denn jeder Baum hat in den verschiedenen Jahreszeiten seinen besonderen Reiz. Der Tulpenbaum, wenn er im Frühling lindgrün austreibt und seine weißen Tulpenblüten schiebt. Die Sumpfeiche raschelt im Sommer mit ihren glänzend grünen, gezackten Blättern und wiegt ihre Äste im Wind. Den ›Indian Summer‹ erlebe ich im Herbst zwischen meinen Ahornbäumen und Birken. Es sind alles Lieblinge.

**Frage:** Was können Sie von der aktuellen Mode bei Pflanzen berichten?

**J. Braukmann:** Dachplatanen, Holländische Linde sowie bei den Hortensien Annabelle und Endless Summer.

GEMEINDE SATERLAND /// HAUPTSTRASSE 507 /// 26683 SATERLAND ///
0 44 98 / 94 00 /// WWW.SATERLAND.DE ///

# EIN AFROAMERIKANER LERNTE SATERFRIESISCH

*Saterland*

66

Eine der kleinsten Sprachinseln Europas liegt rund 30 Kilometer südöstlich von Leer. Das Saterland befand sich immer schon abgeschieden im Moor, weshalb sich diese eigene Sprache, das Saterfriesisch, überhaupt halten konnte. Erst zwischen dem Ersten und Zweiten Weltkrieg wurden die Dörfer ans Straßennetz angeschlossen. Vorher waren sie nur mit Booten zu erreichen.

Das Saterfriesische ist eine ganz eigene Sprache, die sich für Außenstehende sehr lustig anhört. Viele Verben enden auf -je wie in ›funkelje‹. Das heißt ›funkeln‹. Einige alteingesessene Saterfriesinnen bieten Kurse für Fremde an – meist bei sich in der Küche mit einer Tasse Tee dabei. Die Aussprache ist ungewohnt: ein Mittelding aus Englisch, Plattdeutsch und Holländisch.

Damit die Sprache nicht ausstirbt, gibt es jetzt ein Modellprojekt. Es heißt ›Saterländisch macht klug‹. In Kindergärten und Schulen werden zwei Sprachen gesprochen, Hochdeutsch und Saterfriesisch. So besteht die Chance, dass bald wieder mehr als 1.500 Menschen diese Sprache beherrschen.

Der berühmteste von ihnen ist ein Afroamerikaner aus Massachusetts. Marron Curtis Fort, Jahrgang 1938, ist Professor für Germanistik und lebt in Leer. Er nahm schon vor vielen Jahren eine Einladung aus dem Saterland an. Weil Fort alles aus dem Altenglischen ableitete, hatte er Saterfriesisch im Nu gelernt. Bald schrieb er sogar ein Märchen in der Sprache – ›Der Drache vom Saterland‹. Heute ist der ›schwarze Ostfriese‹ der einzige promovierte Linguist der Welt, der diese Sprache beherrscht. Ja, er spricht sie sogar oft und gern. Der Ehrenbürger des Saterlandes hat das Neue Testament ins Alt-Ostfriesische übersetzt und ein Wörterbuch für Saterfriesisch herausgegeben.

Wer heute die Orte Roomelse (Ramsloh), Skäddel (Scharrel), Strukelje (Strücklingen) und Sedelsbierich (Sedelsberg) durchfährt, erkennt die andere Sprache schon am Ortsschild.

☞ Mit der Museumseisenbahn vom Ammerland ins Saterland fahren. www.museumsbahn-ammerland.de

Juusterpäiter
Der Struwwelpeter
uursät fon
Gretchen Grosser
Die
Mäd do Bielden fon'n Skrieuwer
Seelterfräisk
Saterfriesisch

# ZWEISPRACHIGKEIT IST EINE AUSZEICHNUNG!

*Saterfriesin Miriam Kösters*

11/11

Miriam Kösters lebt mit ihrer Familie im Saterland. Das ist eine der kleinsten Sprachinseln Europas. Saterfriesisch wird von rund 1.500 Menschen gesprochen.

**Frage:** Wie lebt es sich auf der Sprachinsel?
**M. Kösters:** Gans wunnerboar! Inmitten der idyllischen Moorlandschaft geht es noch relativ ruhig zu. Die Menschen leben echte Nachbarschaft und sind – ähnlich wie die Ostfriesen – zwar etwas speziell (mancher würde sagen: stur), aber, wenn sie erst mal aufgetaut sind, sehr herzlich.
**Frage:** Sind Sie da geboren und aufgewachsen?
**M. Kösters:** Je! Nach einigen Jahren in großen Städten und Weltenbummelei sind mein Mann und ich hierher zurückgekehrt, da wir es einfach sehr schön und praktisch finden, in der Nähe der Familie zu wohnen. Unsere Kinder haben alle Omas und Opas im Umkreis von fünf Kilometern um sich herum und genießen diese Geborgenheit.
**Frage:** Wie sprechen Sie mit Ihren Kindern?
**M. Kösters:** Noch Hochdeutsch, aber immer öfter auch ein bisschen Saterfriesisch, da wir – sowohl die Kinder als auch wir Großen – alle die Urtümlichkeiten dieser Sprache für uns entdecken. Wir sagen »Seeltersk moaket klouk«, also »Saterländisch macht klug«, und genau das ist es, was uns allen bewusst sein sollte: Zweisprachigkeit ist kein Makel, sondern eine Auszeichnung, ein Vorteil.
**Frage:** Haben Sie etwas zum Nachsprechen?
**M. Kösters:** Ja, ich habe hier ›Der kleine Prinz‹: »Wier sund do Moansken«, fräigede hoffelk die litje Prins. (»Wo sind die Menschen?«, fragte höflich der kleine Prinz.) Ju Bloume hiede eenen Deeges een Karawane foarbieluuken blouked. (Die Blume hatte eines Tages eine Karawane vorüberziehen sehen.) »Do Moansken? Dät rakt, leeuwe iek, säks of sogen.« (»Die Menschen? Es gibt, glaube ich, sechs oder sieben.«)
**Frage:** Was ist Ihr Lieblingswort?
**M. Kösters:** Die Wroutebält, der Maulwurfshaufen.

**KNUT DIERS**

Harz, aber herzlich

978-3-8392-1874-7 (Paperback)
978-3-8392-5003-7 (pdf)
978-3-8392-5002-0 (epub)

## »Wildnis, Weitsicht, Weltkultur«

Von wegen Schachmatt, Elend und Zonenrandgebiet! Der Harz bietet Lebendschach, Walpurgisnacht und einen Grünstreifen, in dem die Natur blüht. Kurz: Es ist eine Gegend, in der man sesshaft wird, wie der längste Stammbaum der Welt aus Osterode beweist. Und dennoch eine gastfreundliche Region, kommen doch 20 Prozent der Studierenden in Clausthal aus China. Knut Diers führt an seine ganz persönlichen Lieblingsplätze – und besteht auf der Suche das ein oder andere Abenteuer, das für den Leser auch spannend ist.

**KNUT DIERS**

Weserbergland wachgeküsst

978-3-8392-1357-5 (Paperback)
978-3-8392-4039-7 (pdf)
978-3-8392-4038-0 (epub)

## »Stadt, Land, Fluss«

Mitten in Deutschland reihen sich auf nur 200 Kilometern Weserlauf massenweise verborgene Schätze auf – von A wie Amelungsborn mit seinem Männerkloster über N wie Neuhaus mit seinem Paradies für Mountainbiker und Wintersportler bis Z wie Zionsgarten am Eggegebirge. Knut Diers führt Sie zielsicher durch alle Weserschleifen von Hann.Münden im Süden bis Minden im Norden zu seinen Lieblingsplätzen. Dabei bleibt auch Zeit für elf Orte der Stille, die Sie überraschen werden!

KULTUR

GMEINER

**KNUT DIERS**
Wer mordet schon auf Sylt?

978-3-8392-1863-1 (Paperback)
978-3-8392-4983-3 (pdf)
978-3-8392-4982-6 (epub)

»Tiefen und Untiefen auf Sylt deckt Henry Hansen gnadenlos auf – spannend, friesisch-klar und höchst amüsant.«

Chefermittler Henry Hansen hat Feingespür, eine robuste Fragetechnik und setzt auf das Feuerwerk an Hinweisen seiner kecken Kolleginnen. Den garstigen Polizeioberrat Dr. Sattler aus Kiel im Nacken und die elf Sylter Tatorte – von den Lister Austernbänken über den Inselzirkus in Wenningstedt bis zum Tod beim Biikebrennen – vor Augen, führt Kommissar Hansen Sie in die Tiefen und Untiefen der beliebten Insel. Mörderische Spannung und eine heimliche Liebesgeschichte mit einem Schuss Champagner wirken sofort.

**REINHARD PELTE**
Inselgötter

978-3-8392-1840-2 (Paperback)
978-3-8392-4937-6 (pdf)
978-3-8392-4936-9 (epub)

»Tomas Jung und Charlotte Bakkens ermitteln in einem weiteren Nordfriesland-Krimi.«

Vier Menschen sind spurlos verschwunden. Alle wollten sie nach Sylt, auf die Insel der Schönen und Reichen. Alle telefonierten von Niebüll aus das letzte Mal mit ihren Angehörigen. Kriminalrat Tomas Jung und Charlotte Bakkens machen sich auf die Suche. Von Anfang an wird ihre Arbeit von höchster Stelle aufmerksam verfolgt. Sie fühlen sich kontrolliert. Wer hat ein gesteigertes Interesse an der Aufklärung der verworrenen Geschehnisse? Bis zum Schluss werden die Fragen immer drängender und die Antworten scheinen in immer weitere Ferne zu rücken.

GMEINER SPANNUNG

**WWW.GMEINER-VERLAG.DE**
*Wir machen's spannend*

# Mit Stadtporträts die Heimat neu entdecken!

Was macht eine Stadt aus? Die Architektur? Die Sehenswürdigkeiten? Nein, es sind die Menschen, die einer Stadt ihr Gesicht verleihen und sie zu dem machen, was sie ist. Unsere Stadtgespräche stellen diese Menschen und ihre Geschichten in Bild und Wort vor. Originale und Prominente erzählen ebenso wie Leute von nebenan Anekdoten, Kurioses und Überraschendes aus ihrer Heimat. Aus den vielen persönlichen Mosaiksteinchen entsteht ein einzigartiges Porträt der Stadt – bunt, lebendig und menschlich.

978-3-8392-1880-8

978-3-8392-1883-9

978-3-8392-1881-5

978-3-8392-1879-2

978-3-8392-1882-2

## NEUE, KURIOSE UND SPANNENDE GESCHICHTEN AUS IHRER STADT

WEITERE TITEL AUF WWW.GMEINER-VERLAG.DE

GMEINER KULTUR

**WWW.GMEINER-VERLAG.DE**

*Mensch, Kultur, Region*

# ☞ Unsere Lieblingsplätze 2016

978-3-8392-1873-0

978-3-8392-1898-3

978-3-8392-1899-0

978-3-8392-1867-9

978-3-8392-1870-9

978-3-8392-1869-3

978-3-8392-1875-4

978-3-8392-1874-7

978-3-8392-1871-6

978-3-8392-1872-3

978-3-8392-1283-7

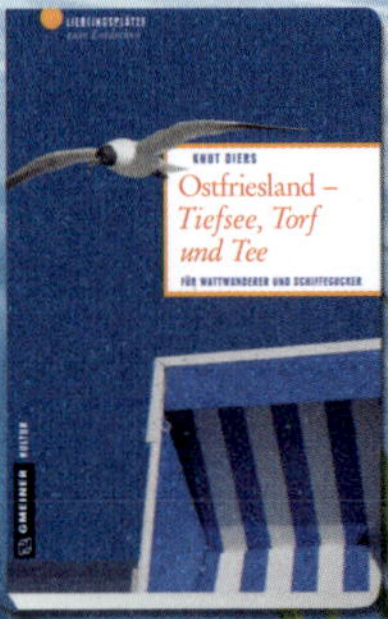

978-3-8392-1901-0